Finde den Job, der dich glücklich macht

Der Karriere-Navigator ist eine eingetragene Marke und urheberrechtlich geschützt.

KARRIERE NAVIGATOR®

Angelika Gulder ist Diplom-Psychologin und Coach. Als Expertin für Ganzheitliches Coaching, Berufung und Lebensträume unterstützt sie seit mehr als 20 Jahren Menschen dabei, den Job und die Lebensumstände zu finden, die erfolgreich und glücklich machen.

Angelika Gulder veranstaltet regelmäßig Vorträge und Workshops zu den Themen Berufung und Lebensträume, ist Leiterin der Ganzheitlichen Coaching Akademie und Dozentin für Ganzheitliches Coaching.

www.coaching-up.de

Angelika Gulder

Finde den Job, der dich glücklich macht

Von der Berufung zum Beruf

Campus Verlag
Frankfurt/New York

Für meinen Vater,
der mich die Liebe zur Freiheit lehrte,
und meine Mutter,
die mich inspiriert hat, meinen eigenen Weg zu gehen.

MIX
Papier aus verantwortungsvollen Quellen
FSC® C089473
FSC
www.fsc.org

ISBN 978-3-593-39839-6

3., aktualisierte Auflage 2013

Umschlaggestaltung: Guido Klütsch, Köln
Umschlagmotiv: © plainpicture
Satz: Campus Verlag, Frankfurt am Main
Gesetzt aus der Minion und der Myriad
Druck und Bindung: Beltz Druckpartner, Hemsbach
Printed in Germany

Dieses Buch ist auch als E-Book erschienen.
www.campus.de

Inhalt

Teil 2

Teil 3

Vorwort zur Neuauflage

Mehr als zehn Jahre ist es her, seit ich die erste Auflage dieses Buches geschrieben habe. Zehn Jahre, in denen sich mein Leben grundlegend verändert hat. Damals habe ich kaum zu träumen gewagt, dass mein Buch nicht nur ein Bestseller, sondern gar Longseller und das Standardwerk für Menschen auf der Suche nach beruflicher und persönlicher Orientierung werden würde. Und auch andere Träume, die ich kaum zu träumen wagte, haben sich erfüllt, seit ich selbst ganz und gar meiner Berufung folge. Darum habe ich inzwischen noch ein weiteres Buch (mit einem zweiten »Navigator«) über Lebensträume geschrieben. Ich bin voller Dankbarkeit für all die Geschenke, die das Leben mir in diesen letzten zehn Jahren gemacht hat, und weiß heute umso mehr: Wenn man dem Kurs seiner Seele folgt und seine Träume lebt, tun sich Wege und Türen auf, wo man sie niemals vermutet und darum auch niemals gefunden hätte.

Vor fast 15 Jahren war ich die erste Berufungsfinderin Deutschlands. Als ich mit meiner Coaching-Methode »Karriere-Navigator« zu arbeiten begann, war der Begriff »Coaching« in Deutschland noch relativ unbekannt. Und Berufung finden war alles andere als »in«. Das hat sich zum Glück inzwischen geändert und immer mehr Menschen machen sich auf die Suche nach einer Tätigkeit, die sie nicht nur ernährt, sondern auch erfüllt. Noch immer denken manche allerdings, das sei schwierig oder gar unmöglich und nur wenigen Auserwählten vergönnt. Doch in

Wahrheit ist es ganz leicht. Wenn Sie mit diesem Buch arbeiten, brauchen Sie vielleicht ein paar Tage oder Wochen (die vielen Rückmeldungen meiner Leser gehen von zwei Tagen bis zu zwei Jahren, alles hat eben seine ideale Zeit). Wenn Sie sich ein Einzel-Coaching gönnen, schaffen Sie es in fünf Stunden. Und wenn Sie einen Workshop machen, dauert es ein bis zwei Tage. Doch was ist das schon im Verhältnis zu der Wirkung, die die Klarheit über Ihre Bestimmung auf Ihr gesamtes Leben haben wird!

Ganz gleichgültig, in welchem Alter, in welcher Lebensphase, und egal, wo Sie gerade sind; nach mehr als 1000 Vorträgen, Einzel-Coachings und Workshops weiß ich: Jeder Mensch kann seine Berufung finden! Es ist ein bisschen Aufwand an Zeit (wenn Sie mit dem Buch arbeiten) oder Geld (wenn Sie ein Coaching machen), doch es ist wirklich einfach und jede Sekunde und jeden Euro und auf jeden Fall einen Versuch wert!

In all den Jahren durfte ich miterleben, welche zum Teil unglaublichen Veränderungen durch das Erkennen der eigenen Berufung möglich sind. Aber auch, wie sehr selbst kleine Veränderungen zu einem glücklicheren und erfüllteren Leben führen können. Darum ist es nun höchste Zeit für eine neue Auflage, in der all die vielen Erfahrungen der letzten Jahre miteinfließen, damit Sie, liebe Leser, von den daraus resultierten Verbesserungen profitieren können. Am Ende des Buches finden Sie darum auch einige inspirierende Beispiele von Menschen, die durch den »Karriere-Navigator« Großes und Kleines in ihrem Leben verändert haben.

Und noch etwas ist mir in diesen Jahren klar geworden. Wie sehr manche Menschen befürchten, mit ihrer Berufung wären sie für immer festgelegt. Es stimmt, die Berufung ändert sich nicht. Aber ihre Ausdrucksformen und Jobbilder können sich ändern! Meine Berufung ist, Menschen dabei zu unterstützen, sich selbst und ihre Seele besser zu verstehen und ihren ganz persönlichen Kurs durchs Leben zu finden.

Als ich begonnen habe, war ich »nur« ein Coach. Heute bin ich Ganzheitlicher Coach, Inhaberin der Ganzheitlichen Coaching Akademie, ich leite Aus- und Fortbildungen, schreibe Bücher und Fachartikel und gebe regelmäßig als Expertin Interviews in Radio, Fernsehen, Online-Plattformen und Printmedien. Auch Sie müssen sich nicht auf »die eine« Sache festlegen, wenn Sie Ihrer Berufung folgen, sondern können viele Wege darin gehen! Das Leben ist bunt!

Im Coaching geht es in erster Linie um Empfehlungen. Das ist einer der Gründe, warum dieses Buch von vielen Lesern seit Jahren immer wieder an Freunde und Bekannte verschenkt wird und die Kurse zum Karriere-Navigator meist mit langem Vorlauf ausgebucht sind. Auch wenn Sie selbst vermutlich Ihr bester Coach sind: Falls Sie sich doch Unterstützung von außen wünschen, empfehle ich Ihnen von Herzen die handverlesenen und von mir mehrere Jahre lang qualifizierten und lizenzierten Karriere-Navigator-Coachs. Aber ganz gleichgültig, ob Sie mit diesem Buch arbeiten, ob wir uns eines Tages in einem Workshop kennenlernen oder ob Sie mit einem der Kollegen im Einzel-Coaching Ihren Weg finden, ich wünsche Ihnen vor allem eins: Dass Sie mit möglichst viel Spaß und Freude Ihre Berufung finden. Denn worum es in diesem Leben wirklich geht, ist, dass Sie am Ende sagen können: I did it my way!

Einleitung

Abenteuer Berufung

Dieses Buch habe ich für all jene geschrieben, die auf der Suche sind: für die Erfolgsverwöhnten, denen eines Morgens im Taxi auf dem Weg zum Flughafen klar geworden ist, dass sie sich noch mehr wünschen vom Leben. Für die Mütter, die mit Grausen an den Tag denken, an dem ihre Kinder plötzlich groß geworden sind und sie keine Aufgabe mehr haben. Für die Berufseinsteiger, die ihre Chance nutzen und einen Beruf finden wollen, der sie nicht nur ernährt, sondern auch erfüllt. Und für alle anderen Menschen, die den Beruf und die Lebensumstände finden wollen, die sie glücklich machen.

Auf die Suche nach seiner Bestimmung, seiner Lebensaufgabe, seiner Berufung macht sich jeder von uns irgendwann im Leben. Jeder hat Phasen, in denen er den Sinn seines täglichen Hamsterrades hinterfragt und unsere »Schneller-höher-reicher-Gesellschaft« mit einem Fragezeichen versieht. Oder haben Sie noch nie in den Nachthimmel geschaut und sich gefragt, warum es Sie auf diesen Planeten verschlagen hat?

Wenn Sie schon immer wissen wollten, wie Sie schnell mal nebenbei über Ihre Berufung nachdenken, Ihren alten Job an den Nagel hängen und im Handumdrehen einen neuen beginnen können, dann sollten Sie dieses Buch wieder aus der Hand legen. Denn das wird es Ihnen nicht bieten. Ebenso wenig wie Tricks und Kniffe, mit denen Sie so bald wie möglich an die Spitze Ihres Teams, Ihrer Abteilung oder Ihres Unternehmens kommen können. Wenn Sie aber erfahren möchten, wie Sie mit Spaß und Leidenschaft sich selbst, Ihre Wünsche, Visionen und Träume (wieder-)entdecken können, um darin schließlich ein ganzheitliches Bild Ihrer Lebensaufgabe, Ihrer Berufung erkennen zu können, dann haben Sie mit diesem Buch die richtige Wahl getroffen.

Ich kann Ihnen nicht versprechen, dass Sie nach der Lektüre Ihre Berufung gefunden haben (obgleich es vielen vor Ihnen tatsächlich auf diesem Weg gelungen ist). Aber ich versichere Ihnen, dass Sie – wenn Sie den Anleitungen folgen und alle Übungen wirklich durcharbeiten – Ihrer Berufung und sich selbst einen großen Schritt näher kommen. Ich freue mich, wenn Sie sich entschieden haben, diesen Schritt zu wagen, und lade Sie ein zum Abenteuer Berufung!

Probieren geht über Studieren

Im ersten Teil dieses Buch beschäftigen Sie sich mit der Frage, ob Sie sich überhaupt mit Ihrer eigenen Berufung auseinandersetzen wollen. Wenn dem so ist, können Sie mit dem Workshop im zweiten Teil – »Der Karriere-Navigator« – Ihrer Berufung auf die Spur kommen. Sind Sie mit dem Ergebnis zufrieden und wollen Ihre Erkenntnisse in Taten umsetzen, bietet Ihnen der letzte Teil hierfür einen Leitfaden und zahlreiche Anregungen.

Sie können dieses Buch einfach nur durchlesen, gelegentlich zustimmend nicken und es danach entspannt zur Seite legen. In dem Fall haben Sie entweder Ihre Berufung schon gefunden oder sind an einem Punkt in Ihrem Leben, an dem es noch vollkommen ausreicht, dass Sie sich theoretisch mit dem Thema beschäftigt haben. Irgendwann nehmen Sie das Buch vielleicht wieder zur Hand, machen dann die Übungen oder schenken es jemandem, von dem Sie meinen, dass er es nötiger braucht als Sie.

Wenn Sie sich entscheiden, den Workshop mitzumachen und Ihre eigene Berufung zu finden, ist es äußerst wichtig, dass Sie immer *zuerst* die Übung bearbeiten und erst *danach* weiterlesen. Diese Chance haben Sie nur beim ersten Mal – oder wenn Sie das Buch in zehn Jahren wieder in die Hand nehmen. Vielleicht kommt Ihnen die eine oder andere Übung bekannt vor – aus einem Seminar, aus einem Zeitschriftenartikel oder einem anderen Buch. Aber auch dann gehen Sie bitte so damit um, als würden Sie sie erstmals lesen, denn hier werden Sie Ihre Antwort in einen neuen Sinnzusammenhang bringen.

Falls Sie zu den Menschen gehören, die von sich sagen: »Am liebsten habe ich einen Gesprächspartner, um mir über Dinge klar zu werden, ich bin nicht so der Buchtyp«, dann geben Sie sich selbst trotzdem mit diesem Buch eine Chance. Falls Sie dann nach dem Lesen und Bearbeiten des ersten Teils des Buches merken, dass Sie lieber persönliche Unterstützung möchten, um sich über Ihre Berufung klar zu werden, dann nehmen Sie bitte zuerst Kontakt mit mir auf, bevor Sie weiterlesen. Vielleicht ist dann die Teilnahme an einem Workshop oder einem persönlichen Coaching für Sie die bessere Idee.

Wie der Workshop, der so genannte Karriere-Navigator, funktioniert, erkläre ich ausführlich im zweiten Teil dieses Buches. So viel aber an dieser Stelle im Voraus: Das Entdecken Ihrer Berufung können Sie mit einem 3000-Teile-Puzzle vergleichen. Jeder, der so ein großes Puzzle beginnt, hat eine etwas andere Methode, um sein Ziel zu erreichen.

Manche fangen gleich damit an, Teile zusammenzufügen, die zufällig passen. Andere sortieren am Anfang zuerst die Randteile aus und geben dem Puzzle seinen Rahmen. Und wieder andere sortieren gleiche Farben in die einzelnen Ecken oder nehmen einzelne Teile in die Hand und versuchen, sie irgendwo anzulegen.

Jede Übung des Karriere-Navigator ist ein anderes Teil im Gesamtbild Ihrer Berufung. Wie beim Puzzeln nehmen Sie die verschiedenen Teile Ihres Lebens in die Hand, betrachten sie und sehen sich manchmal auch die kleinen Details genau an, um herauszufinden, wohin sie in Ihrem Leben gehören. Bei manchen Teilen wissen Sie sofort den richtigen Platz. Bei anderen geraten Sie auf eine falsche Fährte, legen sie wieder zur Seite und erkennen erst ganz am Schluss die richtige Stelle. Sie wundern sich dann, warum Sie noch nicht vorher darauf gekommen sind, obwohl es doch so einfach war. Am Ende haben Sie schließlich alle Ergebnisse der einzelnen Übungen zu einem großen Abschlussbild zusammengefügt.

Die gute Nachricht ist: Sie können Ihre Berufung in kürzerer Zeit finden, als Sie ein 3000-Teile-Puzzle zusammenlegen können. Die weniger gute Nachricht ist: Auch um Ihre Berufung zu finden, brauchen Sie – genau wie beim Puzzeln – Motivation, Energie und Durchhaltevermögen. Aber die eigene Berufung zu entdecken ist garantiert einfacher!

In diesem Buch geht es *nicht* darum, wie Sie ganz konkret auf dem aktuellen Arbeitsmarkt einen Job finden – dafür gibt es genügend andere wunderbare Ratgeber –, sondern darum, wie Sie den Beruf und die Lebensumstände finden, die Ihnen und Ihrer Berufung entsprechen.

Wie ich wurde, was ich bin

»Werde, der du bist!«, forderte Nietzsche ebenso tiefgründig wie widersprüchlich. Was wir sind, ist verschüttet, untergegangen in Erwartungen, Konventionen und falschen Überzeugungen. Wir befreien es, indem wir unserer Berufung folgen und der leisen Stimme in uns, die sich immer wieder meldet.

Als ich klein war, träumte ich davon, Tänzerin, Ärztin, Stewardess oder Pilotin zu werden. Beim Tanzen hieß es, ich sei zwar begabt, aber für eine Profitänzerin schon als Kind viel zu groß. Da ich leider kein Blut sehen kann, schied auch der Berufswunsch Ärztin bald aus. Doch der Wunsch, mich um andere Menschen zu kümmern und sie »gesund zu machen«, blieb. Und so war mir bereits mit etwa zwölf Jahren klar, dass ich Seminare geben und Menschen beraten wollte. Aber ich wollte auch die Welt sehen. Die Berufsberaterin in der Schule »überzeugte« mich, dass Stewardess nichts für eine Abiturientin sei; zur Pilotenausbildung wurde ich nicht zugelassen. Ich ignorierte meine innere Stimme, die lauthals protestierte, und entschied mich für einen »vernünftigen« Beruf – ich ging zu einer Bank. Die starren Strukturen und die undurchschaubaren Hierarchien eines Großunternehmens waren mir bald sehr zuwider, also suchte ich mir doch noch einen Job bei einer Fluggesellschaft und machte damit zumindest einen Teil meines Kindertraums wahr. Da mir nach einer Weile aber die intellektuelle Herausforderung fehlte, entschied ich mich, Psychologie zu studieren. Mein Leben lang hatten sich andere Menschen bei mir Rat geholt und mich in Krisen um Hilfe gebeten. Ich fand, es war an der Zeit, das zu professionalisieren. Ich nutzte meine Studienjobs, um in die Berufe und Unternehmen reinzuschnuppern, die mich interessiert haben. Danach wusste ich nur sicher, was ich alles nach Abschluss meines Studiums *nicht* tun wollte. Eines Tages fiel mir das Programm eines ganzheitlichen Seminaranbieters in die Hände und ich wusste sofort: Das will ich! Programme schreiben, organisieren, Referenten und Teilnehmer betreuen, das machte mir riesigen Spaß. Ich lernte alles über das Seminargeschäft und kam mit vielen »Gurus« dieser Welt zusammen. Es war eine spannende, lebendige Zeit.

Nach Abschluss meines Studiums fand ich eine Stelle in einem großen Weiterbildungsunternehmen, wo ich Personalentwicklungsprogramme konzipierte, plante, organisierte, verkaufte und Trainer dafür auswählte – ein anspruchsvoller, herausfordernder Job, der mich ganz in Beschlag nahm. Ich machte weitere Ausbildungen in Coaching, Personal- und Organisationsentwicklung und Projektmanagement, immer in der Hoffnung, das zu finden, was mir wirklich entsprach. Die grobe Richtung stimmte, doch ständig hatte ich das Gefühl, dass ich meinen Weg noch nicht ganz gefunden hatte. Statt in Ruhe darüber nachzudenken, stürzte ich mich aber in noch mehr Arbeit. Die Quittung ließ zwar auf sich warten, aber sie kam – ich wurde krank. Dann wurde die Abteilung, in der ich arbeitete, aufgelöst. Ich wechselte die Firma und war begeistert von meinem neuen Job. Es dauerte eine Weile, bis mir wirklich klar wurde: Ich war erfolgreich, aber unglücklich. Ich hatte zwar immer noch Spaß daran, Kunden zu beraten und Konzepte zu entwickeln, aber meinen eigenen Anspruch, Menschen individuell in ihrer Entwicklung zu begleiten und selbst Seminare zu geben, konnte ich in der Position nicht erfüllen. Eine erneute Umstrukturierung nutzte ich, um zu gehen und endlich dem Ruf meiner inneren Stimme zu folgen.

Vor mehr als zehn Jahren habe ich mich dann als Coach und Trainerin selbstständig gemacht und bald danach die erste Ganzheitliche Coaching Akademie gegründet. Heute liegt der Schwerpunkt meiner Arbeit in der Aus- und Fortbildung Ganzheitlicher Coachs. Ich lebe meine Berufung. Und bin glücklich dabei. Am Anfang habe ich als einziger Karriere-Navigator-Coach andere beim Finden ihrer Berufung unterstützt, inzwischen gibt es knapp 100 lizenzierte Kollegen, die im gesamten deutschsprachigen Raum Menschen dabei begleiten, den Beruf und die Lebensumstände zu finden, die sie glücklich machen. Noch immer arbeite ich viel und gerne, jetzt aber entspannt, in schöner Umgebung und genau auf meine Art. Und was ich geschafft habe, das können Sie auch!

Dass auch Sie den Job finden, der Sie glücklich macht, dass Sie werden, wer Sie sind, das wünsche ich Ihnen von ganzem Herzen. Haben Sie Vertrauen! Nur Mut, es ist leichter, als Sie denken!

Teil 1
Ihre Berufung

Vor vielen Jahren arbeitete ich mit einem Kollegen zusammen, der nach einem ganz eigenen Motto lebte: Weil der Job ihm keinen Spaß machte und das Unternehmen ihm nicht die Position gab, die er meinte verdient zu haben, gab er dem Unternehmen auch nur einen Teil seiner Arbeitskraft. Die meiste Zeit des Tages verbrachte er damit, sich um seine eigenen Dinge zu kümmern. Glauben Sie, dass die Einstellung und das Verhalten meinen ehemaligen Kollegen und mich glücklich gemacht haben? Wohl kaum. Was für ihn auf den ersten Blick nach einer guten Lösung aussah, ging in Wirklichkeit nach hinten los. Er verlor jeden Tag mehr Begeisterung und, was noch schlimmer ist, Selbstachtung und das Unternehmen einen ehemals guten Mitarbeiter, der heute immer noch dort seine Zeit absitzt. Seine Position unterfordert ihn, er aber bleibt aus Angst, keine neue Stelle zu finden, und wartet auf ein Wunder. Geht es Ihnen genauso? Dann ist es allerhöchste Zeit, dieses Muster zu durchbrechen und selbst für Ihr Wunder zu sorgen. Wenn Sie beruflich und privat erfüllt leben und (wieder) einen Sinn in dem sehen wollen, was Sie täglich tun, ergreifen Sie jetzt eine der unendlich vielen Möglichkeiten. Es ist nie zu spät!

Zurzeit gibt es in Deutschland etwa 25 000 verschiedene Berufe und es werden täglich mehr. Trendforscher gehen davon aus, dass in zehn Jahren zwei Drittel aller Berufe vollkommen neue Tätigkeiten sein werden, die es heute noch gar nicht gibt.

Was bedeutet das für Sie? Wenn Sie eine Idee haben, in welche Richtung Ihre Berufung gehen könnte, aber nicht wissen, in welches Berufsbild Sie diese Idee einordnen sollen, erschaffen Sie sich einfach Ihr eigenes! Vor ein paar Jahren hatte in Deutschland noch kaum jemand von *Diversity Managern, Multi-Media-Designern* oder *Outplacement-Beratern* gehört. Heute sind das »anerkannte« Berufe. Zugegeben, viele neue Ideen kommen aus Amerika und tauchen erst mit einiger Verspätung auch in Deutschland auf, doch irgendjemand muss sich diese Berufe auch in den USA ausgedacht haben. Artikel 12 des Grundgesetzes garantiert in Deutschland die freie Wahl des Berufs. (Der Vollständigkeit halber sei an dieser Stelle erwähnt, dass der Gesetzgeber das Recht hat, eine bestimmte Berufstätigkeit zu untersagen, wenn überwiegende Gründe des Gemeinwohls es erfordern. Aber ich gehe nicht davon aus, dass Sie Ihre Berufung in einem Bereich sehen, der anderen Menschen Schaden bringen könnte.) Nutzen Sie diese gesetzlich garantierte Freiheit: Entwerfen Sie Ihr (Berufs-) Leben selbst!

Eine Definition von Berufung

In diesem Buch geht es um das Thema Berufung und eine einfache Methode, mit der Sie Ihre Berufung erkennen, finden und leben können. Dabei ist die eine oder andere Definition durchaus hilfreich. Ich gebe Ihnen deshalb zuerst die »offizielle« und danach meine eigene Definition von Berufung, wie ich sie auch in diesem Buch verwende.

Da es in diesem Buch aber in erster Linie um Sie selbst geht, beantworten Sie bitte, bevor Sie weiterlesen, auf einem separaten Blatt die folgende Frage: Was bedeuten für Sie die Begriffe Beruf *und* Berufung? Und was ist für Sie der Unterschied zwischen den beiden?

Wenn ich meine Kunden frage, was sie unter »Beruf« verstehen, bekomme ich folgende Antworten:

- meistens: »das, womit ich mein Geld verdiene«
- selten: »etwas, das Spaß macht«
- und noch seltener: »etwas, das mich erfüllt«

Doch das muss nicht so sein. Im Internetlexikon *wissen.de* steht unter »Beruf« die folgende Definition: »Beruf ist die durch Erfahrung oder Ausbildung erlernte Tätigkeit, die zu anderen Tätigkeiten wirtschaftlich und gesellschaftlich in engster Beziehung steht, sie in der Regel ergänzt und deren Ziel es ist, in der arbeitsteiligen Wirtschaft im weiteren Sinn nützliche Dinge (Güter) und Dienste für die Gesellschaft gegen Entgelt zu schaffen bzw. bereitzustellen.« In einem Bertelsmann Lexikon von 1967 fand ich eine interessante Ergänzung, die in den heutigen Nachschlagewerken nirgendwo mehr existiert: »Darüber hinaus scheint es aber wesentlich für den Beruf, dass der Mensch in ihm seine Lebensaufgabe sieht, zu der er sich kraft seiner Fähigkeiten und Anlagen berufen fühlt, also eine innere Beziehung zu ›seinem‹ Beruf hat, für den er sich verpflichtet und verantwortlich fühlt. *So wird der Beruf eine wesentliche Voraussetzung für die Entwicklung der menschlichen Persönlichkeit, da gerade die berufliche Aufgabe Raum zur Entfaltung aller persönlichen Kräfte gibt.*« Irgendwann in den letzten 45 Jahren ist dieser Teil der Definition aus unserer Gesellschaft und unserem Bewusstsein verschwunden. Es ist an der Zeit, dieses »Grundrecht« zurückzuerobern.

Der Begriff der »Berufung« wird bei *wissen.de* theologisch definiert als »der Ruf Gottes an einen Menschen, der einen Auftrag zur Verkündigung oder zur Erfüllung bestimmter Aufgaben einschließt«. (Es steht Ihnen natürlich frei, Gott an dieser Stelle durch einen Begriff zu ersetzen, der Ihnen mehr entspricht, z.B. »das Ganze« oder »die Natur«.) Alle Weltreligionen kennen Berufungsgeschichten: In ihnen spricht Gott Propheten, Religionsstifter oder Heilige über Engel, Visionen und Traumbilder an und nimmt sie in den Dienst. Gott ruft alle Menschen gleichermaßen auf einen ganz persönlichen Weg. Unterschiede gibt es lediglich in der Art, in der die Menschen auf diesen Ruf hören.

Das Wort »Beruf« geht etymologisch auf Berufung (lateinisch *vocatio)* zurück. In früheren Zeiten machte man das zum Beruf, wofür man am besten geeignet war, wofür man von Gott mit der entsprechenden Gabe (mittelhochdeutsch *gabe* = die Begabung, das Talent, besondere Eigenschaft) ausgestattet worden war. Sie können also auch von der Lebensaufgabe eines Menschen sprechen, wenn Ihnen der Begriff lieber ist.

Meine Definition von Berufung

Nach dieser »offiziellen« Darstellung biete ich Ihnen nun meine eigene Definition von Berufung an. Sollten Sie sich darin zu wenig wiederfinden, ist das kein Problem – der Karriere-Navigator funktioniert trotzdem. Meine Erfahrung ist allerdings, dass viele Menschen eine ähnliche eigene Definition entwickeln, wenn sie beginnen, sich intensiver mit dem Thema auseinanderzusetzen.

Ich bin davon überzeugt, dass unsere Lebensaufgabe darin besteht, die Berufung zu finden und mit allen uns zur Verfügung stehenden Kräften zu leben. »Letzten Endes zählen wir nur etwas wegen des Wesentlichen, das wir verkörpern, und wenn wir es nicht verkörpern, ist das Leben verschwendet.« Mit diesen Worten hat es C. G. Jung sehr treffend formuliert. Der einzige Grund für unsere Anwesenheit hier ist, den Mut zu entwickeln, unserer Berufung zu folgen. Alles andere wäre Verschwendung.

Egal, ob Sie daran glauben, dass Sie nur dieses eine Mal auf dem Planeten Erde sind, oder ob Sie davon überzeugt sind, dass Sie sich so lange hier einfinden werden, bis Sie »Ihre« Lektionen gelernt haben: Ihre Kinder, die nach Ihnen kommende Generation oder eine höhere Macht misst Sie daran, was Sie in dieser Welt geschaffen und hinterlassen haben – oder eben auch nicht. Auf jeden Fall ist diese kurze Zeit, die Sie hier verbringen, kostbar und wichtig. Sind Sie ganz und gar mit Ihrem Leben, Ihrem Beruf, Ihrem Verhalten sich selbst und anderen gegenüber zufrieden? Sind Sie in konstruktiver Weise an Ihrer eigenen und der Entwicklung der Welt interessiert? Einer meiner Kunden hat einmal gesagt: »Wir sind vermutlich nicht zum Geldverdienen hier!« Dem kann ich mich nur anschließen.

In meinen Augen sind wir Teil eines großen Ganzen und haben die Aufgabe, unseren ganz eigenen und nur für uns bestimmten Platz in diesem Ganzen einzunehmen, um unsere und damit seine Entwicklung weiter voranzubringen. Sie und nur Sie sind in der Lage, eine ganz bestimmte Aufgabe, Ihre Berufung, besser zu erfüllen als jeder andere Mensch auf diesem Planeten. Niemand ist durchschnittlich, jeder ist auf seine ganz besondere Art er selbst. In jedem von uns ist von Geburt an eine unverwechselbare Kombination aus Eigenschaften und Begabungen angelegt. Auf Dauer bringt die Natur nur hervor, was sinnvoll für das Überleben ist, sonst wäre sie längst untergegangen. Unser Leben wäre verschwendet, wenn wir unsere ganz persönlichen Anlagen nicht dazu nutzen würden, unsere ganz persönliche Aufgabe zu erfüllen. Ich sehe nur einen Weg, ein erfülltes Leben zu führen: die eigene Berufung zu finden und sie zu leben.

An dieser Stelle höre ich oft ein »Ja, ich weiß« von meinen Kunden. Doch Wissen ist nicht genug, wenn es um Ihre Berufung geht – Sie müssen es fühlen! Manche Menschen haben außerdem Angst, sie müssten ihr Leben komplett verändern, wenn sie ihre Berufung finden, aber diese Sorge ist meist unbegründet. Es gibt so viele Berufungen, wie es Menschen gibt. Vielleicht ist Ihre Berufung Priester, Maler, Kindergärtner oder Unternehmensberater zu sein. Oder Restaurantchefin, Taxifahrerin oder Forscherin. Oder in Ihrem Kämmerchen zu sitzen und für den Weltfrieden zu beten. Sie ist mehr als der Job, der Ihnen entspricht. Ihre Berufung zu erfüllen bedeutet, das Leben, den Beruf und die äußeren Umstände zu haben, die zu Ihnen passen und Sie glücklich machen.

Deshalb müssen Sie aber nicht unbedingt Ihren aktuellen Job kündigen und vor lauter Euphorie Ihren gesunden Menschenverstand über Bord werfen. Die Berufung zu finden geht manchmal sehr schnell. Sie zu leben ist ein Prozess, der Ihr ganzes Leben lang dauert. Es gibt keinen Grund, etwas zu überstürzen! Tasten Sie sich lieber langsam an das heran, was Sie wirklich glücklich macht. Wer viele Jahre in der Dunkelheit verbracht hat, muss sich auch erst allmählich ans helle Tageslicht gewöhnen.

Der erste Schritt, um Ihre Berufung zu erfüllen, ist, so viel wie möglich davon in Ihr aktuelles Leben einzubauen. Wenn Sie zum Beispiel der Meinung sind, Ihre Berufung sei, sich für den Schutz der Delfine einzusetzen, und Sie arbeiten im Moment in einem Wirtschaftsforschungsinstitut, könnten Sie anregen, als nächstes Weihnachtspräsent guten Kunden eine Delfinpatenschaft zu schenken. Ich habe es ausprobiert. Das bringt auch die Augen von Erwachsenen zum Strahlen! Oder Sie könnten beginnen, sich in Ihrer Freizeit ehrenamtlich in einem Artenschutzverein in Ihrer Nähe zu engagieren. Es geht nicht darum, Ihr Leben radikal zu verändern, sondern es mehr und mehr um das zu ergänzen und zu bereichern, was Ihnen wichtig ist.

Ich werde oft gefragt, ob es nur *eine* Berufung für jeden Menschen gibt, die immer gleich ist, oder ob mehrere »Rufe« möglich sein können. Ich bin überzeugt davon, dass sich der Kern unserer Berufung, den jeder von uns schon einmal in seinem Leben gespürt hat, niemals ändert. Was sich wandelt, ist der Ausdruck, den unsere Berufung in unserem Leben findet. Die Berufung kann, muss aber nicht zwangsläufig auch Ihr Beruf sein. Der Beruf ist oft nur ein Teil davon und ändert sich, so wie wir uns verändern, aber unsere Berufung bleibt. Angenommen, Ihre Berufung wäre, Schönheit in die Welt zu bringen. Dann könnten Sie den Beruf eines Architekten, Farb- und Stilberaters, Floristen und viele andere mehr ausüben und würden dabei immer Ihre Berufung zum Ausdruck bringen.

Beispiel: Dieters Berufung ist, sich um die Kinder dieser Welt zu kümmern. Er hat als Diplom-Informatiker viele Jahre seines Lebens in einer Berufsschule unterrichtet und fühlte sich dort aufgehoben und zufrieden. Doch bei einem Urlaub in Südamerika hatte er ein einschneidendes Erlebnis: In einem Waisenhaus sah er deutschstämmige Kinder, die in unglaublichem Elend lebten und zum Teil nicht mal ein einziges Spielzeug hatten. Da spürte er in sich das Bedürfnis, zu handeln. Er begründete die Aktion »Schuhkarton«, bei der inzwischen viele Tausende Schulkinder mitgemacht haben. Die Kinder packen einen Karton für ein Kind gleichen Alters und Dieter sorgt für den Transport in die Waisenhäuser der Dritten Welt. Es ist ein Tropfen auf den heißen Stein, aber was kann mehr wert sein als strahlende Kinderaugen? Die Aktion läuft inzwischen als Großprojekt und wird von vielen Unternehmen und Institutionen unterstützt. Dieter ist jetzt wieder als Lehrer in der Berufsschule tätig, aber noch immer ist er glücklich über seine Entscheidung, aktiv zu sein und selbst etwas zu tun.

Wie Sie Ihre Berufung finden und leben können, erfahren Sie im zweiten und dritten Teil dieses Buches. Aber schon an dieser Stelle möchte ich Ihnen Mut machen, sich Schritt für Schritt heranzutasten. In fast jedem Job und in jeder Lebenssituation gibt es die Möglichkeit, zumindest Teilaspekte der eigenen Berufung zum Ausdruck zu bringen. Für den Anfang ist das oft genug. Wenn Sie es für zu früh, zu riskant oder für zu teuer halten, Ihren Beruf zu wechseln, einen Lebenspartner zu finden oder auszuwandern, gehen Sie mit kleinen Schritten. Bringen Sie langsam Licht in Ihr Leben, wie ein Feuer, das erst nur ein wenig zündelt und sich dann langsam zu einer großen leidenschaftlichen Flamme entwickelt.

Es lohnt sich!

In meinen Vorträgen frage ich die Teilnehmer, wie viele Menschen sie kennen, von denen sie der Meinung sind, dass sie ihre Berufung gefunden haben. Kaum jemand kann mehr als drei Personen nennen, die meisten kennen noch weniger. Doch die Beschreibungen der Menschen, die ihre Berufung augenscheinlich gefunden haben, ähneln sich alle sehr. Manche Dinge sind eher oberflächlicher Natur, manche drücken eine grundlegende Haltung dem Leben gegenüber aus. Tatsache ist: Diese Menschen unterscheiden sich in einigen ganz konkreten Punkten von den übrigen.

Beispiel: Vor einiger Zeit war ich mit einer Freundin zum Essen aus. Eine ihrer ehemaligen Lehrerinnen, eine ältere Dame, kam an unserem Tisch vorbei und erzählte unglücklich von ihrer Pensionierung. Warum, würden die meisten von uns denken, das ist doch wunderbar, dann kann sie endlich tun und lassen, was ihr gefällt. Eben nicht. Diese Lehrerin vermisste ihre Arbeit und war zu Hause sehr unglücklich. Sie hatte ihre Berufung im Lehren gefunden und es fiel ihr schwer, etwas mit ihrer freien Zeit anzufangen. Seit Kurzem engagiert sie sich ehrenamtlich in einer Hausaufgabenhilfe. Nun ist sie wieder ausgeglichen und zufrieden.

Bitte nehmen Sie sich einen Augenblick Zeit, bevor Sie weiterlesen, und schreiben Sie Ihre Gedanken zu den folgenden Fragen auf ein Blatt Papier: Wie viele Menschen kennen Sie, die tatsächlich ganz und gar ihre Berufung gefunden haben und sie leben? Und was haben diese Menschen Besonderes an sich, das sie von anderen unterscheidet?

Ich kenne inzwischen, gerade durch meine Arbeit, sehr viele Menschen, die ihre Berufung gefunden haben, sie leben und sich in vielerlei Weise von »normalen« Menschen unterscheiden.

Menschen, die ihre Berufung gefunden haben

... sind voller Energie. Sie haben ein ganz besonderes Strahlen. Wie ein Feuer oder wie ein stilles Glühen scheinen sie von innen heraus zu leuchten.

… sind in ihrem Element. Das heißt, sie sind erfüllt von dem, was sie tun, weil sie es von ganzem Herzen tun und Leidenschaft dafür empfinden – egal, ob es das Pflegen alter Menschen oder die Leitung eines Unternehmens ist. Sie haben ihren eigenen Weg gefunden, der häufig sehr unkonventionell ist.

… sind meistens sehr entspannt und geduldig. Sie müssen nirgendwo mehr dringend hin, weil sie in dem, was sie tun, bereits zu Hause sind.

… sind enorm motiviert. Dadurch dass sie das tun, was ihnen entspricht, sind sie aus sich selbst und der Aufgabe heraus (intrinsisch) motiviert. Im Gegensatz dazu wirken äußere Motivatoren wie Geld oder Status (extrinsisch) meist nur kurzfristig.

… teilen ihre Erfahrung gern mit anderen. Dadurch dass sie ihren eigenen Weg gefunden haben, helfen sie anderen, bewusst oder unbewusst, bei der Suche nach deren Weg.

… üben eine große Anziehungskraft und Faszination auf andere aus. Ihre Begeisterung wirkt ansteckend, macht sie besonders liebenswert und interessant.

… haben meist ausreichend Geld. Wer das, was er tut, von Herzen gerne tut, ist besser in seinem Job und bekommt dafür die entsprechende Honorierung. Und manchmal brauchen sie einfach weniger Geld, wenn sie eine Arbeit tun, die sie glücklich macht, weil sie auf das Trost-Auto und zwei ihrer vier Erholungsurlaube im Jahr verzichten können.

… achten sich selbst und ihre Bedürfnisse. Sie sind sich selbst nahe und gehen sorgsam mit sich um, um dauerhaft ihrer Aufgabe gerecht werden zu können. Die eigene Berufung zu leben kann niemals heißen, sich für andere aufzuopfern.

… haben eine hohe Lebensqualität. Sie tun mindestens 40 Stunden in der Woche, also die meiste Zeit ihres wachen Tages, das, was sie glücklich macht.

… sind dankbar und können das auch zeigen. Sie nehmen das Leben als Geschenk und freuen sich über jeden neuen Tag.
… kennen den Sinn ihres Lebens. Sie haben eine Antwort auf die Frage, warum sie auf der Welt sind, und damit die Energie zur Verfügung, die andere Menschen auf ihrer Suche nach Sinn verbrauchen.
… kennen ihr Ziel. An Weggabelungen und Wendepunkten ihres Lebens können sie auf ihre innere Stimme, auf ihre Berufung vertrauen und ihren eigenen Weg gehen.

Angenommen, Sie haben zwei Mitarbeiter. Einer ist genau am richtigen Platz, motiviert bei seiner Arbeit und geht abends pünktlich nach Hause. Der andere macht seinen Job ebenso gut, ist dabei aber offensichtlich nicht besonders glücklich und macht regelmäßig viele Überstunden. Wenn eine Kündigungswelle ansteht und alle übrigen Faktoren gleich sind, wen von beiden würden Sie wohl eher kündigen? Die meisten von uns würden sicher den Mitarbeiter kündigen, der offensichtlich mit dem, was er tut, nicht glücklich ist, auch wenn er noch so viele Überstunden macht. Das heißt aber auch, dass Menschen, die im »richtigen« Beruf arbeiten, sich dadurch ihren Arbeitsplatz sichern oder zumindest die Wahrscheinlichkeit einer Kündigung reduzieren können.

Wenn Sie genau das bei Ihrer Arbeit tun, was Ihrer Persönlichkeit und Ihren Fähigkeiten entspricht, sind Sie zu besten Leistungen und einer dauerhaft positiven Ausstrahlung imstande. Und darüber hinaus steigern Sie Ihre Arbeitszufriedenheit, was wiederum Ihr Selbstwertgefühl steigert und Ihre Gesundheit verbessert. Das sind doch mehr als genug Gründe, um sich auf den (eigenen) Weg zu machen.

Falls Sie noch nicht sicher sind, gibt es ein paar einfache Dinge, an denen Sie erkennen können, dass Sie Ihre Berufung noch nicht gefunden haben oder sie zumindest noch zu wenig in Ihrem (Berufs-)Leben zum Ausdruck bringen. Ganz sicher können Sie sein, wenn Sie

- sich jeden Morgen aus dem Bett quälen,
- sich am Montag schon aufs nächste Wochenende freuen,
- ein wachsendes Gefühl von innerer Leere und Sinnlosigkeit in sich und in dem, was Sie tun, spüren,
- im Büro von den Dingen träumen, die Sie lieber täten, als im Büro zu sitzen,
- nur für Ihren nächsten Urlaub arbeiten,
- frustriert mit anderen über Ihre aktuelle Tätigkeit sprechen,
- nur »Ihren Job machen«,
- ein deutliches Verlangen verspüren, anderen Anteilen Ihrer Persönlichkeit mehr Raum zu geben,
- sich beruflich unterfordert fühlen, aber aus Angst, keine neue Stelle zu finden, in Ihrem Job nur Ihre Zeit absitzen.

Je mehr dieser Punkte auf Sie zutreffen, umso eher sollten Sie sich darüber klar werden, was Sie *wirklich* im Leben wollen. So wie Ihnen geht es vielen Menschen, denn die wenigsten hatten die Voraussetzungen (Eltern und äußere Umstände), die es ihnen erlaubt haben, sich so zu entwickeln, wie sie tatsächlich sind. Warum begeben wir uns also trotzdem irgendwann auf die Suche nach unserer Berufung?

Man kann ihr nicht »entkommen«

Als ich vor vielen Jahren begonnen habe, mich mit dem Thema Berufung zu beschäftigen, dachte ich, es wäre wunderbar, sich von Geburt an daran erinnern zu können, wofür man auf dieser Welt ist, und von Anfang an seinen eigenen Weg zu gehen. Leider trifft das für die wenigsten von uns zu. Stattdessen geht das Wissen darüber meistens in der frühen Kindheit verloren und wir erobern es uns erst im Laufe unseres Lebens wieder zurück.

Manche Menschen erinnern sich schon sehr früh oder haben vielleicht sogar nie vergessen, was ihre Berufung in diesem Leben ist. Nehmen wir zum Beispiel Yehudi Menuhin, der sich bereits mit vier Jahren eine Geige wünschte und nicht eher Ruhe gab, bis er sie bekam. (Der Überlieferung nach hat er eine Kindergeige aus Blech, die man ihm schenkte, vor lauter Zorn an die Wand geworfen.) Aus ihm wurde ein weltbekannter Violinist. Ein anderes Beispiel ist Adrian, der bereits als Kleinkind mit dem Tanzen begonnen hat. Der kleine Adrian wollte schon mit zwei Jahren nie mit Baggern oder Autos spielen und war auch nicht für Fußball zu begeistern. Viel lieber hat er stundenlang klassische Musik gehört und ist durch die Wohnung getanzt. Mit sieben Jahren wünschte er sich eine Ballettstange für sein Zimmer, mit zehn bestand er die Aufnahmeprüfung für die staatliche Ballettschule in Berlin.

Vor allem bei Künstlern, Malern, Musikern, Tänzern und Schauspielern zeigt sich ihre besondere Begabung oft schon in der frühen Kindheit. Manche haben das Glück, dass Eltern oder Lehrer diese Begabung erkennen, anerkennen und unterstützen. Adrians Vater ist von Beruf Baggerführer und hat sich für seinen Sohn sicher einen anderen Lebensweg vorgestellt. Aber er hat ihm das Tanzen und den Besuch der Ballettschule ermöglicht und unterstützt ihn auf seinem außergewöhnlichen Weg.

Vielleicht gehören Sie auch zu den Menschen, die bei der Äußerung ihres Lebenswunsches gehört haben: »Lern doch lieber einen anständigen Beruf!« Oder: »So einen Quatsch gibt's doch gar nicht, geh lieber in die Versicherung/die Bank/die Firma XYZ.« Viele meiner Kunden berichten von solchen Reaktionen auf ihre ersten Berufswünsche und die meisten können sich noch sehr gut daran erinnern. Psychologisch betrachtet kann man sich vor allem an die Dinge besonders gut erinnern, die einen emotional stark bewegt haben. Das zeigt, wie wichtig dieses Thema ist und welche nachhaltige Wirkung unbedachte Äußerungen haben können.

Die meisten von uns wissen als Kind, was sie werden wollen, wenn sie erwachsen sind. Manchmal ist es aber mehr eine Ahnung, eine Vorliebe, noch keine konkrete Berufsbezeichnung. Ein Siebenjähriger gibt aus einer Leidenschaft für Tiere heraus möglicherweise den Beruf des Zoodirektors an, weil es der einzige Beruf im Zusammenhang mit Tieren ist, der ihm einfällt. Später könnte daraus ein Tierfilmer, Tierarzt oder Forscher werden. Oder ein zehnjähriges Mädchen, das besonders gerne Kunststücke vor ihren Freunden aufführt, nennt als möglichen Beruf Zauberer. Bei entsprechender Förderung wird aus ihr vielleicht tatsächlich eine zweite Copperfield oder aber sie geht mit ihrer Kreativität später in eine Werbeagentur oder zum Fernsehen. Im zweiten Teil dieses Buches beschäftigen Sie sich ausführlich mit den Träumen Ihrer Kindheit und was diese mit Ihrer Berufung zu tun haben.

Die Bedürfnispyramide

Es gibt verschiedene Ansätze, um zu erklären, warum die Suche nach Sinn und der eigenen Berufung an einem bestimmten Punkt in unserem Leben entsteht. Ich greife mir hier die Haltung der humanistischen Psychologie heraus, deren prominenteste Vertreter Carl Rogers und Abraham Maslow sind. Die humanistischen Psychologen vertreten die Ansicht, dass wir auf dieser Erde sind, um zu lernen und uns zu uns selbst zu entwickeln. Das Bedürfnis danach ist angeboren und wir verbringen unser gesamtes Leben damit, es zu befriedigen. Gelingt uns das, entwickeln wir eine Reihe von Charaktereigenschaften und Merkmalen, die uns von anderen – sich nicht verwirklichten – Menschen unterscheiden, wie Selbstbewusstsein, Kreativität, Spontaneität, Offenheit für Neues, Bereitschaft zu Grenzerfahrungen, Sinnhaftigkeit und ein herausforderndes Wesen.

Abbildung 1: Die Maslow'sche Bedürfnispyramide

Abraham Maslow hat vor 60 Jahren ein Modell entwickelt, das er die Bedürfnishierarchie nannte und das Sie möglicherweise unter dem Namen der Maslow'schen Bedürfnispyramide kennen. Es hat bis heute nichts von seiner Aktualität verloren. In dieser Pyramide sind physiologische, Sicherheits-, Liebes-, Selbstachtungs- und Selbstverwirklichungsbedürfnisse hierarchisch geordnet.

Zu den physiologischen Bedürfnissen zählen zum Beispiel Nahrung, sexuelle Stimulation und ein Dach über dem Kopf zu haben. Zu den Sicherheitsbedürfnissen gehören ein sicherer Arbeitsplatz, Gelassenheit, Ruhe und Frieden. Liebesbedürfnisse drücken sich in der Sehnsucht nach Zugehörigkeit zu einer Familie oder einem System aus. Erst wenn diese Grundbedürfnisse befriedigt sind, wir also satt im Trockenen sitzen und uns in unserem sozialen Umfeld akzeptiert fühlen, können sich die »höheren« Bedürfnisse entwickeln, zu denen eine positive Selbstwertschätzung, Anerkennung für besondere Leistungen und in der höchsten Stufe die Entdeckung von Sinn und der eigenen Berufung gehören. Die Wahrscheinlichkeit, dass Sie sich für die französische Literatur des späten 16. Jahrhunderts interessieren und Ihr Leben danach ausrichten, wird also geringer, wenn Sie obdachlos sind. Die Grundbedürfnisse sind überlebenswichtig, die höheren Bedürfnisse stellen sich erst ein, wenn das Überleben gesichert ist. Die Beschäftigung mit französischer Literatur kann demnach länger aufgeschoben werden als die Befriedigung von Hunger oder Durst. Eine »Nichtbefriedigung« der Bedürfnisse nach Selbstachtung und Selbstverwirklichung bewirken kurzfristig auch keine direkte Notfall-Reaktion, wie Sie sie zum Beispiel erleben, wenn Sie plötzlich von einem Wolkenbruch überrascht werden und ins Trockene möchten. Sie streben aber trotzdem irgendwann nach Ausdruck in Ihrem Leben, weil sie Sie einfach glücklich machen können.

Das Modell der Bedürfnishierarchie bietet eine mögliche Erklärung, warum wir uns erst im Laufe unseres Lebens mit dem Thema Berufung beschäftigen. Erst wenn Sie ein einigermaßen geregeltes Einkommen, ein stabiles soziales Umfeld und erste Anerkennung gefunden haben, machen Sie sich normalerweise auf die Suche nach »mehr«.

Ein Sonderfall ist es, wenn Sie zum Beispiel aufgrund einer Umstrukturierung arbeitslos geworden, das heißt, Ihrer »sicheren« Arbeitsstelle beraubt sind und dennoch die Möglichkeit zu einer kompletten beruflichen oder auch persönlichen Neuorientierung nutzen. Als »sichere« Basis dienen in dem Fall ein berufstätiger Partner, ausreichende Rücklagen oder eine gute Abfindung des ehemaligen Arbeitgebers. Auch das funktioniert – und immer mehr Menschen nutzen diese Chance, statt die erstbeste neue Stelle zu ergreifen, die man ihnen anbietet.

Chancen gibt's genug

Kindheit, Pubertät und Lebensmitte sind die besten Zeitpunkte, um die eigene Berufung zu entdecken. Wenn Kinder die Möglichkeit bekommen, in Ruhe zu spüren, wohin sie gehen möchten, können sie von Anfang an ihren eigenen Weg finden. Bei manchen Menschen zeigt sich schon in frühester Kindheit die Begabung so deutlich, dass sie selbst und auch ihre Umgebung keinen Zweifel daran haben können. Bei den meisten Jugendlichen ist es heute aber wohl eher so, dass sie in der Schule mit Lernstoff und zu Hause von Fernseher, Internet, Chatrooms, Computerspielen und Apps überflutet werden und kaum noch eine Chance haben, sich darauf zu konzentrieren, was sie wirklich im Leben wollen. Wenn es um die Wahl des Berufs geht, steht bei den meisten Eltern noch immer der Wunsch nach einem Job mit guten Zukunftsaussichten und Verdienstmöglichkeiten für ihre Kinder im Vordergrund. Lehrer und Massenmedien tun ein Übriges, um die jungen Leute auf Kurs zu bringen. Doch selten auf ihren eigenen.

Wie sind Sie zu Ihrer Ausbildung oder Ihrem Studienplatz gekommen? Wollten Sie selbst unbedingt genau das tun, was Sie getan haben, oder war es eher so, dass

… Sie da irgendwie hineingerutscht sind, weil es in dem Unternehmen gerade freie Stellen gab?

… alle Ihre Freunde auch in diesem Unternehmen angefangen haben?

… Ihre Tante den Friseursalon hatte und Sie da eben Ihre Ausbildung machen konnten?

… Sie den Wünschen Ihrer Eltern gefolgt sind und zum Beispiel Jura statt Philosophie studiert haben?

… Sie die Lehrstelle oder den Studienplatz, den Sie wollten, nicht bekommen haben und dann bei der zweiten Wahl geblieben sind?

Bitte halten Sie auf einem separaten Blatt fest, nach welchen Faktoren Sie sich für Ihren Ausbildungsplatz oder Ihr Studium entschieden haben.

Haben Sie sich nach Abschluss Ihrer Ausbildung oder Ihres Studiums Raum und Zeit genommen, um genau zu überlegen, welchen Weg Sie nun einschlagen wollen, oder sind Sie »irgendwo« gelandet, wo Sie zwar Ihre Qualifikation einsetzen, sich aber möglicherweise nicht entsprechend Ihren Neigungen und Leidenschaften entfalten konnten?

Beispiel: Sebastian, 39, hat nach seinem BWL-Studium schnell eine gute Stelle in einem großen Unternehmen bekommen und dort in kurzer Zeit Karriere gemacht. Mehrere gut kalkulierte berufliche Wechsel haben ihn in seine aktuelle Position als Geschäftsführer eines kleinen mittelständischen Unternehmens gebracht, wo er auf das Ausscheiden des Seniors wartet, um in den Vorstand des Unternehmens zu wechseln. Er hat ein Haus gekauft, seine Frau kümmert sich zu Hause um den gemeinsamen Sohn, die Partnerschaft funktioniert gut. »Eigentlich« alles in

Ordnung. Wäre da nicht der kontinuierliche Leistungsdruck in seinem Job, der psychische Dauerstress, der sich immer mehr auf gesundheitlicher Ebene ausdrückt. Sebastian fühlt sich immer öfter erschöpft und weniger motiviert, morgens aufzustehen und zur Arbeit zu gehen, als früher. Dazu kommt, dass er aufgrund der angespannten wirtschaftlichen Situation gezwungen war, mehrere Mitarbeiter zu entlassen, was ihn sehr belastet. Ein Kollege sägt an seinem Stuhl und er fühlt sich immer mehr im Wettbewerb mit jungen Nachrückern im Unternehmen. Er beginnt, sein Ziel, in den Vorstand des Unternehmens zu wechseln, zu hinterfragen. Besorgt stellt er fest, dass seine Karriere für ihn zunehmend an Bedeutung verliert. Sebastian beneidet seinen Kollegen, der mehr Zeit für sich und seine Familie hat und dafür bereit ist, auf beruflichen Aufstieg zu verzichten.

Wenn Sie Ihre Chance bei der Wahl Ihrer Ausbildung oder Ihres Studiums »verpasst« haben, ist Ihre Entwicklung vielleicht ähnlich verlaufen wie die von Sebastian. Viele erfolgreiche Menschen fragen sich bei ihrem Übergang zur Lebensmitte, ob das bisher Erreichte für das eigene Leben und die Gesellschaft einen Wert hat, der über die reine Existenzsicherung hinausgeht. C.G. Jung spricht an dieser Stelle von der Lebenswende, vom Mittag des Lebens. Der Beginn, der Morgen des Lebens, dient dazu, sich zu entwickeln, die eigene Lebensgrundlage aufzubauen und eine Familie zu gründen. Ist dieser Zweck erfüllt, reicht allein die Existenzsicherung als Lebenssinn für die meisten nicht mehr aus. Nachdem in der ersten Lebenshälfte die Energie mehr nach außen gerichtet ist, beginnt bei vielen in der zweiten Lebenshälfte das Wachsen nach innen und damit verbunden die Suche nach der Berufung. Der Mythenforscher Joseph Campbell hat ein schönes Bild dafür gefunden: »Während unserer ersten 35 oder 40 Lebensjahre haben wir uns bemüht, eine lange Treppe hinaufzusteigen, um den obersten Stock eines Gebäudes zu erreichen. Sind wir dann endlich unter dem Dach, stellen wir fest, dass wir uns im Gebäude geirrt haben.«

Möglichkeiten, die eigenen Chancen zu verkennen und weiter im Hamsterrad zu rasen, gibt es viele: Manche Frauen, die bislang auf ihre Karriere fixiert waren, entschließen sich, dann doch noch schnell Kinder zu bekommen, und haben dadurch wieder ein paar Jahre Zeit »gewonnen«. Einige Männer entscheiden sich stattdessen, ihre Familien zu verlassen, sich von der Beschäftigung mit dem Sinn ihres Lebens ab- und der deutlich jüngeren Geliebten zuzuwenden. Manche Menschen finden erst Zugang zu ihrer inneren Stimme, wenn sie sich zwischen 55 und 65 mit dem bevorstehenden Ende ihrer »offiziellen« Berufstätigkeit auseinandersetzen müssen. Der Vorstandsvorsitzende eines Großunternehmens wird Segellehrer, die Art-Direktorin einer Werbeagentur wird Hotelchefin in Spanien und der ehemalige Berufsschullehrer Heilpraktiker. Zum Glück verklingt die innere Stimme nicht, sondern bahnt sich immer wieder ihren Weg in unser Leben. Es ist nie zu spät, ihr zu folgen.

»Aller Anfang ist schwer«

»Jetzt beginnt der Ernst des Lebens«, »Vor den Erfolg hat der liebe Gott den Schweiß gesetzt«, »Lieber den Spatz in der Hand als die Taube auf dem Dach«. Solche Aussagen zum Thema Arbeit und Beruf werden oft unbedacht ausgesprochen und doch speichern wir sie bewusst oder unbewusst als Wahrheiten. Am leichtesten geschieht das in der Kindheit, in der wir alles noch für bare Münze nehmen, doch auch Erwachsene sind dagegen nicht gefeit. Einer meiner Kunden hat mir erzählt, dass er als Kind auf die Frage, was er tun wolle, wenn er groß ist, für seine Antwort eine schallende Ohrfeige bekam. Seine Antwort war: »Wenig arbeiten und viel Geld haben.« Was soll an dieser Aussage falsch sein? Es sei denn, man hat gespeichert, dass nur der Geld »verdient« hat, der hart arbeitet. Niemand hat uns eingetrichtert, dass Arbeit Spaß macht, dass es Ziel unseres Lebens ist, unser Potenzial zu entfalten, oder dass wir es verdient haben, glücklich zu sein. Es gibt Menschen, die arbeiten nur zwei Stunden am Tag und verdienen in der Zeit so viel wie andere in der Woche oder im Monat. Finden Sie, dass diese Menschen etwas falsch gemacht haben? Mein Kunde hat jedenfalls trotzdem seinen Traumjob gefunden und arbeitet meistens auch nicht mehr als 40 Stunden in der Woche. Aber nicht alle schaffen es, sich von solchen gespeicherten Glaubenssätzen zu lösen. Eine meiner Kundinnen hat 30 Jahre in einer Arztpraxis gearbeitet. Seit vielen Jahren empfand sie ihren Job als Qual. Sie hatte einen Satz ihrer Mutter gespeichert: »Bleib, wo du bist, es kommt nichts Gutes mehr nach«, und daran hat sie sich gehalten.

Wer grundsätzlich davon überzeugt ist, dass Arbeit niemals mit Spaß verbunden ist und man mit dem, was man am liebsten tut, sowieso kein Geld verdienen kann, wird wahrscheinlich niemals versuchen, seine Berufung zu finden. Solche Glaubenssätze erschweren uns den Zugang zu unserem Inneren und unser Verstand tut ein Übriges. Doch es gibt noch andere Gründe, die es uns schwer machen, genauer hinzusehen und den eigenen Weg zu entdecken:

Bequemlichkeit: Die eigene Berufung zu finden und zu leben kann sowohl in energetischer als auch in emotionaler und finanzieller Hinsicht eine große Herausforderung sein. Viele Menschen scheuen den Aufwand, sich damit auseinanderzusetzen. Sie schätzen eher den Spatz in der Hand als die Taube auf dem Dach.

Angst vor Misserfolg: Die meisten Menschen haben sich im Laufe ihres Berufslebens in ihrem Bereich eine gewisse Kompetenz erworben und fühlen sich in dieser Komfortzone sicher. Die Berufung erstreckt sich manchmal aber über Bereiche unseres Lebens und Anlagen unserer Persönlichkeit, mit denen wir weniger vertraut sind oder worin wir wenig Übung haben. Unser Verstand warnt uns davor, dass wir möglicherweise scheitern könnten, und das äußert sich als Angst. Doch Angst ist ein Scheinriese, wie unser Schatten wird sie immer kleiner, je näher wir ihr kommen.

Angst vor Erfolg: Erfolg meint hier, die Berufung zu finden, zu leben, dabei Spaß zu haben und Glück zu empfinden. Das ruft eine Menge Neider auf den Plan und kann dazu führen, sich aus seinem vertrauten Leben lösen zu müssen. Der nächste Punkt hängt eng mit diesem zusammen.

Angst, Freunde zu verlieren: Stellen Sie sich vor, Sie sind Beamter auf Lebenszeit, mit all Ihren Kollegen gut befreundet und stellen dann fest, dass Ihre Berufung darin liegt, Rallye zu fahren, was seit vielen Jahren Ihr Hobby ist. Vielleicht sind Ihre Kollegen begeistert, wahrscheinlicher ist allerdings, dass sie irritiert sind und Sie das auch spüren lassen. Niemand mag schwarze Schafe und kaum einer möchte eines sein.

Angst, die Eltern zu enttäuschen: Wenn Ihre Eltern sich für Sie eine Karriere in einer Anwaltskanzlei mit einem sicheren Einkommen, einer netten Frau und einem Haus im Grünen gewünscht haben, Sie sich nun aber mit 40 Jahren dazu entschließen nach Australien auszuwandern, um dort eine Drachenflugschule zu eröffnen, können Sie nicht nur Zustimmung erwarten.

Angst, die Partnerschaft zu gefährden: Menschen passen gewöhnlich gut zusammen und leben einigermaßen harmonisch miteinander, wenn sie gemeinsame Werte und Interessen haben. Angenommen, Sie haben einen Partner, der ebenso viel Wert auf einen geregelten Tagesablauf und ausgiebige Freizeitgestaltung legt wie Sie, und sie eröffnen ihm nun, dass Sie sich mit einer tollen Idee selbstständig machen wollen. Das bedeutet, Sie haben möglicherweise in den nächsten beiden Jahren wenig Zeit für die Dinge, die Sie bisher gemeinsam getan haben. Ob er sich vorbehaltlos für Sie freuen und Sie unterstützen wird? Viele Menschen sind sich hier nicht sicher und vermeiden aus Angst, die Partnerschaft zu gefährden, den Ruf in ihrem Inneren weiterzuverfolgen.

Wie Sie mit diesen Hindernissen umgehen und sie überwinden können, erfahren Sie im dritten Teil dieses Buches. Doch vorerst geht es darum, Ihre Berufung überhaupt aufzuspüren.

Wie finden Sie Ihre Berufung *oder besser*: Wie findet Ihre Berufung Sie?

Nur manche von uns werden vom Blitz getroffen, haben eine plötzliche Eingebung oder bekommen eindeutige Zeichen, wie die Propheten oder die Jungfrau von Orleans. Die meisten trifft es nicht so überdeutlich: Sie werden krank, bekommen einen Burnout oder haben einen Unfall, verlieren ihren Job, werden vom Partner verlassen oder ihre Firma geht in Flammen auf. Manche Menschen finden durch äußere aufrüttelnde Ereignisse zu ihrer Berufung, andere durch ein unbestimmtes Gefühl im Inneren, das sich immer wieder meldet und irgendwann doch noch ernst genommen wird. Wieder andere haben einen Moment, in dem sie »es« plötzlich wissen, ein Gefühl von innerem Frieden, in dem alles passt, alles »in Ordnung« ist. Egal, wie es bei Ihnen sein wird: Wenn Sie Ihre Berufung gefunden haben, hegen Sie keine Zweifel mehr und sind sich Ihrer Sache sicher.

Seiner Berufung entkommt man nicht. Aber natürlich kann man jahrelang konsequent die inneren und äußeren Zeichen ignorieren. Dazu gibt es ein schönes Sprichwort: »Das Schicksal führt jene, die es annehmen. Die es ablehnen, zwingt es.«

Wenn Sie Ihr Schicksal lieber selbst in die Hand nehmen und aktiv werden wollen, um Ihre Berufung zu finden, haben Sie verschiedene Möglichkeiten. Sie können

- versuchen, durch Nachdenken Selbsterkenntnis zu erlangen,
- wieder lernen, Ihre innere Stimme zu hören und ihr zu folgen,
- es nach dem Prinzip »Versuch und Irrtum« probieren,

- den roten Faden in Ihrem Leben finden,
- mit dem Karriere-Navigator Ihrer eigenen Persönlichkeit systematisch auf den Grund gehen,
- oder idealerweise all diese Punkte miteinander kombinieren und dadurch die Erfolgswahrscheinlichkeit noch erhöhen.

Durch Nachdenken zur Selbsterkenntnis

Bitte nehmen Sie sich einige Minuten und beantworten Sie in Ruhe die folgenden Fragen. Diese Fragen können Sie bei Ihrer Auseinandersetzung mit dem Thema Berufung inspirieren. Möglicherweise haben Sie sich die eine oder andere bereits gestellt.

Für welches (höhere) Ziel lohnt es sich für Sie zu kämpfen?

Gibt es etwas, wofür Sie alles geben würden?

Was würden Sie auf der Welt am liebsten ändern?

Haben Sie so etwas wie einen inneren Antrieb, etwas zu tun oder nicht zu tun?

Welches ist Ihr größter Beitrag für die Gesellschaft, in der Sie leben?

____

____

____

Was ist, abgesehen von Ihrer Familie, das Allerwichtigste in Ihrem Leben?

____

____

____

Auch wenn Sie noch keine ausführlichen Antworten zu den einzelnen Punkten haben, schreiben Sie auf, was Ihnen jetzt im Moment dazu einfällt, und ergänzen Sie es im Laufe Ihrer Beschäftigung mit sich selbst. Diese Fragen werden Sie noch lange begleiten.

Vielleicht sagen Sie jetzt auch, wenn Sie zu diesen Fragen schon Antworten hätten, bräuchten Sie sich mit dem Thema und mit diesem Buch ja gar nicht zu beschäftigen. Das stimmt. Aber wenn Ihnen nichts zu diesen Fragen einfällt, blockiert Sie möglicherweise Ihr Verstand noch zu sehr. Der bewegt sich nämlich am liebsten auf den ausgetretenen Pfaden, die er kennt und auf denen er sich am sichersten wähnt. Auch wenn es Ihnen noch schwerfällt, versuchen Sie, zu jeder der Fragen mindestens ein Stichwort oder einen Satz zu notieren. Oft geht es, nachdem Sie erst mal angefangen und die erste Blockade überwunden haben, doch besser als erwartet.

Die innere Stimme hören und ihr folgen

Die innere Stimme ist »eigentlich« das Einzige, was Sie bräuchten, um Ihren Weg zu gehen. Leider haben wir aber fast alle verlernt, sie zu erhören und ernst zu nehmen. Kennen Sie das? Sie fahren auf der Autobahn und haben plötzlich so ein unbestimmtes Gefühl, heute lieber eine andere Ausfahrt zu nehmen. Sie können entweder Ihrem Impuls folgen, eine Ausfahrt früher abfahren und sich keine weiteren Gedanken über die Angelegenheit machen. Oder aber Sie ignorieren das Gefühl, fahren weiter wie immer – und landen in einer Vollsperrung, die Sie drei Stunden festhält. Nun haben Sie genug Zeit, sich darüber zu ärgern, dass Sie nicht Ihrem Impuls gefolgt sind. Genau dieser Impuls ist Ihre innere Stimme. Ein anderes Beispiel: Vielleicht hatten Sie bei Ihrem letzten Vorstellungsgespräch von Anfang an so ein komisches Gefühl, wussten aber nicht, warum. Alle äußeren Bedingungen, die Sie sich gewünscht haben, schienen erfüllt. Drei Monate nachdem Sie die Stelle angetreten haben, erfahren Sie, dass das Unternehmen von einem anderen aufgekauft wird und Ihre Abteilung nach Fernost ausgelagert wird. Es ist an der Zeit, sich mit Ihrer inneren Stimme zu beschäftigen und wieder zu lernen, auf sie zu hören. Eine einfache Anleitung, wie Sie das am besten tun können, finden Sie im dritten Teil dieses Buches.

Versuch und Irrtum

»Versuch und Irrtum« ist an sich eine sehr gute Methode – wenn da bloß der Verstand nicht wäre, der immer alles ganz genau wissen will. Im Coaching begegnen mir immer wieder Menschen, die sich sehr schwer damit tun, Entscheidungen zu treffen. Dabei stellt man doch in den meisten Fällen schlimmstenfalls fest, dass man sich für das Falsche entschieden hat. Dann dreht man eben um und geht einen anderen Weg. Da das leider im praktischen Leben nicht immer ganz so leicht ist, gibt es eine andere, einfache Möglichkeit: Wenn Sie sich zum Beispiel nicht sicher sind, ob Sie sich für ein Jobangebot entscheiden sollen, ob die neue Stelle Sie im Hinblick auf Ihre Berufung weiterbringt und wirklich gut zu Ihnen passt, nehmen Sie sich einen Moment der Ruhe und stellen sich vor, den Job bereits angenommen zu haben. Wie fühlen Sie sich damit? Macht es Sie glücklich? Fühlen Sie in sich Begeisterung für die Aufgabe oder das Unternehmen? Freuen Sie sich auf Ihren ersten Arbeitstag? Und die entscheidende Frage: Fühlen Sie bei dieser Vorstellung mehr Energie in sich?

Wenn die Aufgabe, die vor Ihnen liegt, der richtige Schritt für Sie im Hinblick auf Ihre Berufung ist, wird es sich immer gut anfühlen. Was richtig für uns ist, bringt uns Energie; das Falsche hingegen nimmt uns Energie. Das bedeutet nicht, dass das Richtige immer leicht ist. Oft müssen wir Herausforderungen bestehen, um uns selbst und unserer Berufung näher zu kommen. Aber wenn es der richtige Weg ist, fühlen sich auch schwierige Herausforderungen gut an. Und sie in Angriff zu nehmen erfüllt uns mit Kraft, Energie und Begeisterung.

Der rote Faden

Das Leben bereitet uns mit jeder Erfahrung darauf vor, unsere Berufung zu erkennen und zu leben. Wenn Sie in Ihrer Biografie zurückschauen, können Sie einen roten Faden erkennen? Erfahrungen, die Sie immer wieder gemacht haben? Muster, die Sie immer wieder gelebt haben? Themen, die sich wiederholt haben, mit Ihren Vorgesetzten, Ihren Kollegen oder Ihren Partnern?

Bitte denken Sie darüber nach, was Ihnen in den verschiedenen Abschnitten Ihres Lebens immer wieder begegnet ist, in der Kindheit, der Schule, Ihrer Ausbildung, Ihrem Studium und Ihrem Privatleben. Schreiben Sie bitte Ihre Überlegungen auf ein extra Blatt, das Sie später zusammen mit den Übungen aus dem Karriere-Navigator einheften.

Jede noch so schmerzhafte oder auch schöne Erfahrung hat Sie Ihrer Berufung einen Schritt näher gebracht. Jeder Schritt, den Sie getan haben, war ein Schritt zu dem Menschen, der Sie heute sind.

Beispiel: Nach ihrer Ausbildung zur Fremdsprachensekretärin und einigen Jahren Berufstätigkeit hat Anke es zur Assistentin des Geschäftsführers eines großen erfolgreichen Unternehmens gebracht. Schnell merkt sie aber, dass diese Tätigkeit nicht das Richtige für sie ist. Sie arbeitet jeden Tag mehr als zehn Stunden und auch die meisten Wochenenden fährt sie noch mal eben schnell in ihr Büro, um die Dinge nachzuarbeiten, zu denen sie während der Woche nicht gekommen ist. Als durch eine Fusion ein Teil des Unternehmens ins Ausland umzieht, bekommt sie die Chance, auszusteigen und mit einer guten Entschädigung einen Neustart zu wagen. Aber sie geht mit, obwohl sie spürt, dass diese Entscheidung nicht gut für sie ist. Physisch und psychisch an ihren Grenzen angekommen, überlastet und unter enormem Leistungsdruck ist der Griff zu Beruhigungsmitteln bald nicht mehr weit. Und obwohl sie in ihrem Job unglücklich ist und gerne etwas anderes tun würde, bleibt sie – aus Angst, keinen neuen Job zu finden. Als der Druck immer größer wird und sie nicht mehr weiterweiß, verlässt der Geschäftsführer das Unternehmen und ihre Stelle fällt weg. Über Nacht ist sie arbeitslos. Jetzt nutzt sie ihre Chance, um sich in aller Ruhe zu überlegen, was sie mit ihrem Leben wirklich anfangen möchte. Dabei stellt Anke fest, dass sie die vielen Möglichkeiten zu einem Wechsel, die das Leben ihr geboten hat, nicht genutzt hat. Nun ist sie fest entschlossen, die aktuelle Chance zu einer Neuorientierung zu ergreifen. Im Coaching wird klar, dass sie schon lange viel lieber mit ihren Händen arbeiten und sich mit Menschen statt mit Memos beschäftigen möchte. Sie entscheidet sich für eine berufsbegleitende Ausbildung in ganzheitlicher Massage, bei der sie beides kombinieren kann. Während der Zeit ihrer Ausbildung arbeitet sie weiter als Sekretärin und endlich, mit einem klaren Ziel vor Augen, macht ihr sogar diese Beschäftigung wieder Spaß.

Mit dem Karriere-Navigator Ihre Berufung finden

Mithilfe des Karriere-Navigator auf die Suche nach Ihrer Berufung zu gehen ist die einfachste Möglichkeit, denn alles, was Sie dazu brauchen, finden Sie im zweiten Teil dieses Buches. Egal, welchen Weg Sie letztlich wählen, das Wichtigste beim Aufspüren Ihrer Berufung ist, dass Sie mehr über sich selbst herausfinden, sich selbst erkennen. Im Karriere-Navigator sehen Sie sich deshalb systematisch alle wichtigsten Bereiche Ihrer Persönlichkeit an:

- Ihre Gedanken und Gefühle, Ihre Wünsche und Träume,
- Ihre Fähigkeiten und Eigenheiten, Ihren Lebensstil sowie
- Ihre Familie, Freunde und Hobbys.

Am Ende setzen Sie all diese Informationen wie ein Puzzle zusammen und sehen ein klares Bild – Ihre Berufung.

Beispiel: Fritz hat nach seinem BWL-Studium viele Jahre im Controlling einer Firma gearbeitet. Seit einiger Zeit ist er innerlich unruhig und fühlt den drängenden Wunsch nach Veränderung. Im Coaching wird schnell klar, dass ihm vor allem der Kontakt mit Menschen fehlt. Nach Leidenschaften und Hobbys gefragt, beginnen seine Augen zu leuchten. Er erzählt, dass er sich besonders für das Restaurieren von alten Motorrädern aus den Fünfzigerjahren interessiert und er eine große private Sammlung hat, mit der er sich in jeder freien Minute beschäftigt. Außerdem macht es ihm Spaß, Partys zu organisieren. Er entscheidet sich, das eine mit dem anderen zu verbinden, und gründet einen Hochzeitsservice. Dabei kümmert er sich um die komplette Organisation und stattet die Feiern im Motto der Fünfzigerjahre aus, wobei er immer wieder auf seine wachsende Sammlung von Motorrädern und Einrichtungsgegenständen aus dieser Zeit zurückgreift. Nun denkt er darüber nach, zusätzlich einen kleinen Laden anzumieten, um Teile seiner Sammlung auch zum Verkauf anzubieten.

Wenn Sie sich nicht sicher sind, ob Ihr Ziel wirklich Ihrer Berufung entspricht, probieren Sie es aus. Wenn es das Richtige für Sie ist, würden Sie es mehr bereuen, das Risiko nicht eingegangen zu sein und Ihr Leben nicht gelebt zu haben, als die Erfahrung zu machen, dass sich Ihre Hoffnungen und Vorstellungen hinsichtlich Ihres Ziels nicht ganz erfüllt haben und Sie noch mal einen neuen Weg einschlagen müssen.

Ich wünsche mir, dass Sie mit dem Karriere-Navigator sich selbst und Ihrer Berufung näher kommen. Denn es gibt nichts, was in Ihrem Leben mehr Bedeutung hätte als Sie selbst.

Der kleine Unterschied

Dieses Buch wäre nicht vollständig ohne einen kurzen Blick auf die Unterschiede zwischen Männern und Frauen, was das Thema Berufung betrifft. Ich bitte um Nachsicht, wenn ich dieses »schwerwiegende« Thema an dieser Stelle deutlich vereinfacht darstelle. An den Anfang stelle ich zwei Beobachtungen, die ich in meiner jahrelangen Tätigkeit als Coach gemacht habe: Frauen fällt es tendenziell leichter, ihre Berufung zu *finden,* Männer tun sich häufig leichter, sie zu *leben.*

Der nach wie vor in den meisten Familien immer noch bestehende Unterschied in der Erziehung von Mädchen und Jungen lässt sich nicht bestreiten. Hier soll es aber nicht darum gehen, das System zu kritisieren, sondern die Auswirkungen auf das Thema Berufung zu hinterfragen. Mädchen werden in ihrer Familie, der Schule und ihrem Freundeskreis früh darin bestärkt, Gefühle wahrzunehmen und zum Ausdruck zu bringen. Sie lernen sehr zeitig und besser als Jungs im gleichen Alter, ihre Gefühle ernst zu nehmen und auf feine Nuancen zu achten. Jungen entwickeln sich eher dadurch, dass sie sich mit anderen Jungen messen, sei es auf körperlicher oder geistiger Ebene. Im Vordergrund stehen nicht ihre eigenen Gefühle oder die Gefühle der anderen, sondern die Themen Konkurrenz und Kampf.

Wenn es nun später um den Beruf und damit um Berufung geht, haben die weiblichen Teenager durch den besseren Zugang zu ihren Gefühlen oft auch die größere Ahnung, in welche Richtung sie sich beruflich gerne entwickeln würden. Die Jungs hingegen suchen sich bereits in jungen Jahren einen Beruf aus, in dem sie besser oder »cooler« als ihre Freunde oder Klassenkameraden sein können. Losgelöst von den Eltern, den Lehrern und den äußeren Umständen, die mitbestimmend und zum Teil ausschlaggebend bei der endgültigen Berufswahl sind, liegen den Entscheidungen der Teenager also unterschiedliche Motive, Prägungen und Erfahrungen zugrunde.

Oft gehen Männer deshalb in die Vorstandsetagen und Frauen in die Krankenhäuser. Irgendwann werden die Männer aus den Vorstandsetagen, wenn sie sich nicht genug um ihre Familie kümmern, dann möglicherweise von ihren Frauen verlassen und dadurch gezwungen, sich doch in irgendeiner Form mit ihren Gefühlen auseinanderzusetzen. Das kann der Griff zur deutlich jüngeren Nachfolgepartnerin, die existenzielle Krise oder die Beschäftigung mit dem Sinn des Lebens sein. Männer können zu ihrer Berufung finden, indem sie in Kontakt mit ihren Gefühlen kommen und Zugang zu ihrer inneren Stimme finden. Das ist der schwierigste Teil. Die Umsetzung fällt ihnen dann leicht, schließlich haben sie ihr Leben lang gelernt, sich Ziele zu setzen und diese auch zu erreichen.

Der Krankenschwester, die seit vielen Jahren ihre Gefühle kennt und eine Ahnung hat, was ihre Berufung sein könnte, fällt es schwer, aus der Ahnung ein konkretes Ziel zu machen und darauf zuzugehen. Und dann sind da noch die drei Ks: Kinder, Küche und Karriere. Wie soll eine einfache Krankenschwester, alleinerziehend verantwortlich für zwei kleine Kinder, nebenbei auch noch in der Lage sein, ihren Traum wahr zu machen und Medizin zu studieren, um Chirurgin zu werden? Indem sie lernt, ihren Verstand mehr zu benutzen, die Basics des Projektmanagements anzuwenden, und ihre organisatorischen Fähigkeiten aus dem Bereich Familie auf ihre beruflichen Ziele überträgt.

In vielen Befragungen geben Frauen und Männer im gleichen Maße an, dass in ihrer Lebensplanung die Familie an erster Stelle steht. Für Männer heißt das allerdings häufig, genug Geld heranzuschaffen und Sicherheit zu bieten, sodass ihre Familie gut leben kann. Für Frauen heißt das oft noch, sich zu überlegen, ob und wie sie Familie, Kinder und Beruf optimal unter einen Hut bringen können. Das ist kein Grund zum Jammern, es ist möglich, auch als Mutter zu studieren, die Berufung zu finden und das Leben zu leben, von dem »frau« träumt, auch wenn es zugegebenermaßen schwerer zu organisieren ist. Das habe ich als alleinerziehende Mutter selbst erlebt. Es wäre auch falsch, zu behaupten, dass Männer es leichter haben. Sie zahlen für ihre Karriere und ihr Leben – theoretisch mit, aber oft praktisch ohne Familie – häufig einen hohen Preis.

Frauen finden ihre Berufung oft leichter, weil sie einen besseren Zugang zu ihren Gefühlen haben, und schaffen es, ihre Berufung zu leben, indem sie beginnen, ihren Verstand und ihre weibliche Kraft für ihre (beruflichen) Ziele zu nutzen. Männer finden ihre Berufung oft schwerer, weil sie erst den Zugang zu ihren Gefühlen (wieder-)finden müssen, können sie dann aber leichter umsetzen, weil sie darin geübter sind, ihre (beruflichen) Ziele zu erreichen.

Beide Geschlechter müssen ihr Repertoire an Verhaltensmöglichkeiten vergrößern, um beim Finden und Umsetzen der Berufung erfolgreich zu sein. Im Karriere-Navigator gibt es bewusst einige Übungen, die Männern, und andere, die Frauen leichter fallen. Insgesamt betrachtet, eignet sich die Vorgehensweise aber für Männer und Frauen gleich gut, weil alle entscheidenden Aspekte der Persönlichkeit, Gefühl und Verstand miteinbezogen werden.

Teil 2
Der Karriere-Navigator

Stellen Sie sich vor, Sie sind auf einem Dreimaster, mitten im weiten Ozean. Es ist noch früh am Morgen, das erste Licht des Tages dämmert und das Meer liegt ruhig und klar vor Ihnen.

Die kühle Luft strömt beim Einatmen in Ihre Lunge und auf Ihren Lippen spüren Sie den salzigen Geschmack des Meeres. Das sanfte Rauschen der Wellen lässt Sie nach unten sehen, auf die gekräuselte, silbrige Wasseroberfläche, die langsam in das tiefe Blau des Meeres übergeht. Sie blicken nach vorn, aber dichter Nebel nimmt Ihnen die Sicht. Sie spüren jedoch, dass es jetzt bald so weit ist. Bewegung kommt in die trägen Fluten unter Ihnen.

Ihre Gegenwart. Die ersten Strahlen der Morgensonne tauchen die Szene in ein samtig rosafarbenes Licht. Ein Gefühl der Sehnsucht erfüllt Sie, das Sie drängt aufzubrechen. Auch hinter sich können Sie das Meer sehen, den Gang der Wellen – an manchen Stellen heftig und hoch, an anderen scheint es spiegelglatt.

Ihre Vergangenheit. Wieder sehen Sie nach vorn und sind jetzt bereit, den Weg durch den Nebel zu wagen. Sie wollen Ihr Boot auf Kurs bringen – aber welcher ist der richtige? Sie haben das Gefühl, die Antwort zu kennen, doch es fällt Ihnen schwer, sie zu greifen. Der Wind ist lauter als die leise Stimme in Ihrem Inneren und Unsicherheit macht sich in Ihnen breit – Sie zaudern. Sollen Sie aufbrechen oder lieber warten, bis der Nebel sich lichtet und

Sie sehen können, was vor Ihnen liegt? Es besteht die Gefahr, im Nebel auf eine Sandbank oder Klippe zu laufen ...

Dann spüren Sie, wie etwas in Ihnen wieder zum Leben erwacht. Erst schemenhaft und dann immer deutlicher zeichnet es sich vor dem inzwischen tiefen Blau des Meeres ab. Es ist ein Teil von Ihnen, dem Sie jetzt das Steuer übergeben. Der Teil von Ihnen, der bereits weiß, wohin Ihre Reise führt. Es gibt kein Zurück mehr – Sie machen sich auf den Weg. *Ihre Zukunft.*

So finden Sie Ihren Kurs

Jeder von uns kennt seine Berufung, seine Lebensaufgabe, wenn er diese Welt betritt, und jeder wird vom inneren Navigator, seiner inneren Stimme, auf den richtigen Kurs geführt. Kleine Kinder wissen beim Spielen ganz genau, was ihnen Freude macht und was nicht. Als Kind können wir unseren inneren Navigator noch wahrnehmen und wissen instinktiv, was das Richtige für uns ist. Leider verlieren wir oft mit dem Erwachsenwerden den Zugang zu dieser Stimme und übergeben mehr und mehr unserem Verstand die Kontrolle. So werden wir erzogen, so ist unser Schulsystem aufgebaut, so haben es schon unsere Eltern und deren Eltern gelernt und vor uns gemacht.

Was der Karriere-Navigator bedeutet

Karriere, wie ich sie verstehe, bedeutet, Ihrem eigenen Kurs zu folgen und die Dinge zu tun, die Sie glücklich machen. *Navigare* ist lateinischen Ursprungs und bedeutet so viel wie segeln, auf einem Schiff fahren.

In früheren Zeiten war derjenige, der am Steuer eines Schiffes stand, auch derjenige, der den Kurs bestimmt hat – Kapitän und Navigator in einem. Dann wurden die Schiffe größer und die Aufgaben geteilt. Jetzt gibt es einen Kapitän, der die Anweisungen gibt, und einen, der den Kurs bestimmt. Leider hat auf einem

Schiff der Kapitän das letzte Wort – auch wenn es nicht immer gut geht.

Die Zeiten, in denen Sie Ihr eigener Kapitän und Navigator waren, scheinen vorbei zu sein. Sie bewegen sich im Meer der Möglichkeiten, ohne Ihren genauen Kurs zu kennen. Sollen Sie in der Firma bleiben oder lieber gehen? Sich selbstständig machen oder nicht? Karriere machen oder eine Familie gründen – oder beides? Sie müssen Klippen umschiffen und durch gefährliche Strömungen Ihren Weg finden. Ihr Verstand, Ihre Familie, Ihre Eltern, Partner und Freunde glauben am besten zu wissen, was das Richtige für Sie ist. Es ist nicht einfach, sich da zurechtzufinden und das Boot auf Kurs zu bringen.

So wie der Navigator früher mit seinen Instrumenten, der Sonne und den Sternen seinen Kurs berechnet hat, bringt Sie heute der Karriere-Navigator in zwölf Schritten wieder auf Ihren Kurs. Er stellt die Instrumente zur Verfügung, die Sie brauchen, um Ihren Kurs wiederzufinden und ihm folgen zu können, vorbei an allen Gefahren und Hindernissen. Wenn Sie einmal die Eckpunkte Ihrer Reise bestimmt haben, finden Sie, wie die Seefahrer früherer Zeiten, auch bei stürmischer See immer wieder zurück auf Ihren Weg.

Der Karriere-Navigator eignet sich übrigens nicht nur für das Finden Ihres Traumjobs und Ihrer Berufung, sondern auch zum regelmäßigen Überprüfen Ihres Kurses. Ich selbst mache das mindestens zwei Mal im Jahr und jedes Mal entstehen daraus neue Job- und Projektideen!

Was Sie erwartet, wenn Sie sich auf den Weg machen

Der Karriere-Navigator besteht aus zwölf »Instrumenten«, die Sie wieder auf Kurs bringen:

Karriere-Navigator 1: Drei Wünsche an eine Fee. Hierzu erfahren Sie erst später mehr.

Karriere-Navigator 2: Ihr bisheriger Weg. Sie notieren, welche Aus- und Weiterbildungen Sie bisher gemacht haben und was Sie »nebenbei« oder ehrenamtlich tun.

Karriere-Navigator 3: Kindheitsträume – Kindheitspläne. Sie unternehmen eine Zeitreise in Ihre Kindheit und erwecken alte Träume wieder zum Leben.

Karriere-Navigator 4: Ihre Motivation. Sie finden heraus, was Ihnen im Leben wirklich wichtig ist.

Karriere-Navigator 5: Lieblingsinteressen. Sie befassen sich mit den Dingen in Ihrem Leben, die Sie wirklich interessieren, mit denen Sie sich freiwillig beschäftigen, die Sie auch am Sonntag früh aus dem Bett treiben können.

Karriere-Navigator 6: Fünf-Leben-Übung. Sie lassen Ihrer Fantasie freien Lauf und träumen davon, wer oder was Sie gerne einmal wären.

Karriere-Navigator 7: Erkennen, was Sie glücklich macht. Sie widmen sich den kleinen Dingen in Ihrem Leben, den besonderen Menschen und Momenten, für die Sie dankbar sind und die Ihnen guttun.

Karriere-Navigator 8: Ihr idealer Tag. Sie unternehmen eine Reise zu den Bildern Ihrer Seele.

Karriere-Navigator 9: Ihre Persönlichkeit. Sie erkennen Ihren Persönlichkeitstyp.

Karriere-Navigator 10: Fünf Lieblingstätigkeiten. Sie machen sich die Dinge bewusst, die Sie am besten können und am liebsten tun.

Karriere-Navigator 11: Drei mögliche Berufsbilder. Sie leiten aus Ihren Lieblingsfähigkeiten Ideen für konkrete Berufs- und Lebensziele ab.

Karriere-Navigator 12: Das Gesamtbild. Sie fügen alle Informationen zusammen und definieren den Kurs für Ihren weiteren Weg.

Speziell für Berufseinsteiger

Wenn Sie noch am Anfang Ihres beruflichen Wegs stehen, herzlichen Glückwunsch, dass Sie sich dazu entschieden haben, schon jetzt herauszufinden, in welche Richtung es für Sie idealerweise gehen könnte! Natürlich ist der Arbeitsmarkt heute härter umkämpft als früher, die sogenannte »Generation Praktikum« hat andere Voraussetzungen als die Generationen davor. Und noch mal anders ist es für die aktuell auf den Markt strömenden »Digital Natives«, also die jungen Menschen, die mit Internet, MP3-Playern und Mobiltelefonen aufgewachsen sind. Aber für alle gilt: Wer gefunden hat, was wirklich zu ihm passt, ist oft überzeugender, besser und motivierter. Und genau das kann gerade in schwierigen Zeiten den Ausschlag geben, dass Sie die Stelle bekommen und nicht der Kollege, der mit Ihnen das Praktikum macht.

Noch können Sie die richtigen Grundlagen schaffen und Ihre Weichen so stellen, dass sie wirklich zu Ihnen passen. Da manches, was für Menschen mit Berufserfahrung gilt, für Sie noch nicht oder nur zum Teil zutrifft, können und sollten Sie auf einige Teile des Karriere-Navigator verzichten, um ein klareres Bild zu erhalten. Von den zwölf Teilen des Karriere-Navigator lassen Sie bitte den Teil 2 *Ihr bisheriger Weg*, Teil 5 *Lieblingsinteressen* und Teil 8 *Ihr Idealer Tag* einfach aus. Der bisherige Weg und die Lieblingsinteressen sind in Ihrem Fall noch in Teil 3 *Kindheitsträume – Kindheitspläne* enthalten. Für den »idealen Tag« fehlt Ihnen bisher vermutlich noch die Berufserfahrung. Machen Sie die Übung zu Ihrer Kindheit einfach besonders gründlich und ausführlich; das dürfte Ihnen leichtfallen, es ist ja noch nicht so lange her. Beim Übertragen auf das Abschlussbild des Karriere-Navigator auf Seite 129 lassen Sie dann einfach die drei fehlenden Ergebnisse frei. Und sollten Sie beim Lesen feststellen, dass Sie sich Unterstützung wünschen; es gibt inzwischen zahlreiche lizenzierte Karriere-Navigator-Coachs, die sich auf die Arbeit mit Jugendlichen und Berufseinsteigern spezialisiert haben.

Das kann doch gar nicht sein! Typische Fragen zum Karriere-Navigator

Ich habe schon so viel versucht, wieso sollte ich gerade mit dem Karriere-Navigator meine Berufung und meinen Traumjob finden? Weil der Karriere-Navigator anders vorgeht, als Sie es bisher gewöhnt sind. Normalerweise sehen Menschen sich an, was sie bisher gemacht haben, auch wenn es ihnen keinen Spaß bereitet hat. Der Karriere-Navigator betrachtet aber ausschließlich die Dinge, die Sie glücklich machen.

Wieso funktioniert der Karriere-Navigator? Weil er nie direkt, sondern immer indirekt nach den Dingen fragt, die Ihnen Freude machen. Das ist der sicherste Zugang zu Ihrem wahren Kurs, denn so wird verhindert, dass Sie sich beim Finden Ihrer Berufung mit der Stimme der Vernunft selbst sabotieren.

Es gibt im Karriere-Navigator keine Übung, die von Ihnen zum Beispiel fordert, Ihre drei größten Stärken aufzuschreiben, was Sie üblicherweise in allen Standardanalysen finden. Das hat Sie ja auch bisher nicht weit gebracht. Es geht immer nur um das, was Sie am liebsten tun. Das ist der Maßstab, das Besondere.

Kann es wirklich so einfach sein, seine Berufung zu finden? Ja, es kann einfach sein. Und es kann, wenn Sie es entspannt angehen, sogar richtig Spaß machen. Das Finden ist einfach! Ob Sie allerdings, wenn Sie Ihre Berufung gefunden haben, auch den Mut und die Kraft aufbringen, sie zu leben, das liegt in Ihrer Hand. Auf jeden

Fall erkennen Sie mit dem Karriere-Navigator die genaue Richtung, in die Sie gehen müssen, wenn Sie Ihrer Berufung folgen wollen.

Wie haben Sie den Karriere-Navigator entwickelt? Schon als Kind habe ich mir die Frage nach dem Sinn des Lebens und ganz besonders nach dem Sinn *meines* Lebens gestellt und mich an persönlichen Wendepunkten immer wieder intensiv damit auseinandergesetzt. Als die Abteilung des Unternehmens, in dem ich zuletzt tätig war, umstrukturiert wurde, habe ich die Chance genutzt und mich gefragt, ob ich noch auf dem richtigen Weg bin, ob dieser Job mich wirklich ausfüllt und voranbringt. Die Antwort war: Nein. So wurde ich mein erster Kandidat.

Ich hatte zuvor viele Bücher zum Thema studiert, Seminare besucht und nichts davon als wirklich hilfreich erlebt. Inspiriert durch die vielen Sichtweisen und Übungen, die ich kennengelernt hatte, habe ich dann neue, eigene entwickelt und auf meine Situation zugeschnitten. Ich wusste nur, dass ich nicht mehr in mein altes Angestellten-Dasein zurück wollte, aber ich war mir nicht sicher, was ich wirklich tun wollte. Am Ende, nach allen zwölf Teilen des Karriere-Navigator, hatte ich meinen Kurs gefunden. Da wusste ich, dass er funktioniert.

Was sind die goldenen Drei? Die goldenen Drei beruhen auf der Erfahrung, dass nahezu alle meine Kunden an der Vielfalt ihrer Möglichkeiten und Fähigkeiten verzweifeln. Die meisten sind gut ausgebildet, verfügen über viele Zusatzqualifikationen und können trotzdem wenig damit anfangen. Bei (fast) allen Übungen im Karriere-Navigator entscheidet man sich deshalb am Ende für die drei wichtigsten Erkenntnisse und setzt diese erst im letzten Schritt zu einem sinnvollen Gesamtbild zusammen. Die goldenen Drei sind also eine Reduktion auf das Wesentliche.

Was ist das Erfolgsgeheimnis des Karriere-Navigator? Das Geheimnis sind Sie selbst oder genauer gesagt: Ihr Verstand, den Sie für die Zeit der Übungen mit etwas anderem auf Reisen schicken müssen, damit er Sie nicht permanent austrickst und Sie auf die alten Wege lockt. Wie das funktioniert, erkläre ich Ihnen, bevor es losgeht.

Was bedeutet der ganzheitliche Ansatz des Karriere-Navigator? Ganzheitlich bedeutet, dass der Karriere-Navigator Ihren Verstand, Ihr Gefühl und Ihre innere Stimme in das Bild Ihrer Berufung miteinbezieht. Viele Entscheidungen für eine Ausbildung, für ein Studium oder einen neuen Job werden aus logisch-rationalen Gründen getroffen, was selten lange gut geht und noch seltener glücklich macht. Nur wenn alle wesentlichen Grundbedürfnisse eines Menschen im Beruf erfüllt werden, kann dieser Beruf Berufung sein.

Bevor Sie starten

Sammeln: Legen Sie eine Mappe, einen Ordner oder eine Art Tagebuch an, in dem Sie alle Informationen, Gedanken und Übungen sammeln, die Ihnen auf dem Weg zu Ihrer Berufung begegnen.

Ideen sofort notieren: Besorgen Sie ausreichend Zettel und bunte Stifte für die Übungen und legen Sie sich Papier und Stifte oder sogar ein Diktiergerät auch ans Bett und ins Auto, denn wenn Sie einmal begonnen haben, sich wieder auf Ihren Kurs zu bringen, wird es Sie überall beschäftigen. Und nichts ist so flüchtig wie der gedachte Gedanke und das gesprochene Wort. Es wäre doch schade um Ihre guten Ideen.

Mitspielen: Bei manchen Übungen gibt es eine theoretische Einführung, bei anderen eine Erklärung, nachdem Sie die Übung gemacht haben, bei einigen finden Sie keines von beidem. Für manche Übungen haben Sie so viel Zeit, wie Sie wollen, bei anderen ist es wichtig, dass Sie die Fragen so spontan und schnell wie möglich beantworten. Wundern Sie sich nicht, sondern spielen Sie einfach mit. Je spielerischer Sie den zweiten Teil im Buch bearbeiten, desto besser und klarer wird Ihr Ergebnis sein.

Die goldenen Drei: Sie werden immer wieder auf die goldenen Drei stoßen. Ich fordere Sie damit auf, die Dinge auf den Punkt zu bringen, sich für das Wesentliche zu entscheiden. Das kann für die eine oder den anderen von Ihnen schwierig oder sogar scheinbar unmöglich sein. Falls das auf Sie zutrifft, fragen Sie einen Ihnen nahestehenden Menschen um seine Meinung. Es sind schließlich zwölf Schritte, und wenn einer nicht hundertprozentig Ihr eigener ist, stellt das kein Problem dar.

Verstand ausschalten: Schicken Sie Ihren Verstand auf Urlaub, während Sie die Übungen machen. Er nimmt zwar zu Recht eine wichtige Rolle in Ihrem Leben ein, hat Sie schon vor einer Menge Dummheiten bewahrt, Ihnen in schwierigen Situationen oft zur Seite gestanden und verdient daher wirklich Ihre Anerkennung. Doch beim Finden Ihrer Berufung ist er anfangs hinderlich, weil er versuchen würde, Sie wieder auf die alte Fährte zu locken. Die Spur kennt er und dort fühlt er sich sicher. Sagen Sie Ihrem Verstand, dass er am Ende des Karriere-Navigator, beim zwölften Schritt, bei der Entscheidung mitwirken kann und sogar der wichtigste Teil davon sein wird. Aber bis dahin soll er sich möglichst aus der Sache raushalten. Auch wenn es Ihnen vielleicht albern vorkommt, reden Sie mit ihm. Er meint es gut mit Ihnen. Nehmen Sie ihn ernst und lassen Sie ihn wissen, dass er wichtig ist.

Belohnen: Tun Sie sich etwas Gutes, nachdem Sie eine Übung, eine Aufgabe beantwortet oder durchdacht haben. Sie kümmern sich jetzt – vielleicht zum ersten Mal seit langer Zeit – um sich selbst und um den Sinn Ihres Lebens. Das ist es wert, gefeiert zu werden.

Sich Zeit nehmen: Und zu guter Letzt: Geben Sie sich Zeit! Machen Sie die Übungen in Ihrem eigenen Tempo. Es ist egal, ob Sie alle Fragen an einem Abend beantworten oder ein halbes Jahr dafür brauchen. Was auch immer Sie für richtig halten, ist für Sie auch das Richtige. Jeder von uns ist anders.

Karriere-Navigator 1
Drei Wünsche an eine Fee

Kennen Sie das Märchen von Pinocchio und die zauberhafte Version von Walt Disney? Da sieht man den guten alten Gepetto am Fenster zum Wunschstern beten, dass seine kleine Holzpuppe Pinocchio ein richtiger kleiner Junge werden möge. Und als Gepetto sich schlafen gelegt hat, kommt es, wie es in Märchen nun mal so kommt: Die Wunschstern-Fee fliegt als strahlend helles Licht ins Zimmer, berührt den kleinen Pinocchio mit ihrem Zauberstab – und schon ist der Wunsch des alten Mannes erfüllt.

Angenommen, diese wunderschöne, glitzernde, strahlende Fee käme nun durchs Fenster hereingeschwebt und würde Ihnen sagen, Sie hätten drei Wünsche frei, welche wären das? Diese Wünsche können, müssen aber nichts mit Ihrem Beruf zu tun haben. Bitte notieren Sie das Erste, was Ihnen einfällt – nur nicht den Wunsch, noch mehr Wünsche zu haben. Es dürfen auch gerne ausführlichere Wünsche sein.

Und bitte lesen Sie erst weiter, wenn Sie alle drei Wünsche notiert haben.

1 ____________________

2 ____________________

3 ____________________

Bitte schauen Sie sich Ihre Wünsche nun genauer an. Um welche Lebensbereiche handelt es sich? Gibt es einen Schwerpunkt? Was steht zum Beispiel hinter dem Wunsch nach mehr Zeit? Ein besseres Zeitmanagement im Büro, mehr Unterstützung vom Partner zu bekommen, weniger Verantwortung tragen zu müssen, mehr Ich-kümmere-mich-um-mich-selbst? Was genau verbirgt sich hinter Ihren Wünschen? Bitte ergänzen Sie Ihre Wünsche um die Dinge, die Ihnen jetzt noch dazu in den Sinn kommen oder Ihnen daraus klar geworden sind. Anschließend markieren Sie bitte mit einem farbigen Stift pro Wunsch den Begriff oder Sinnzusammenhang, der für Sie am wichtigsten ist.

Beispiel: Axel wünscht sich, mehr Zeit für seine Familie zu haben, einen Job, der ihn erfüllt, und ein eigenes Haus zu bauen. Beim Nachdenken wird ihm klar, dass es ihm vor allem darum geht, mehr Zeit für sich selbst zu haben, um überhaupt wahrnehmen zu können, was ihm wichtig ist und was Erfüllung für ihn bedeutet, und dass ein Hausbau ihn dabei im Moment nur behindern würde. Also markiert er an dieser Stelle »Zeit für mich selbst«, »Erfüllung« und »Familie«.

Häufige Wünsche der Menschen, die zu mir kommen, sind:
- den Traumjob zu finden,
- ein erfülltes Leben zu führen, mehr Sinn im Leben zu sehen, eine gute Partnerschaft zu haben, mehr Zeit zu haben,
- mehr Selbstbewusstsein,
- Zufriedenheit, innere Ausgeglichenheit und Glück.

Seltener gibt es Wünsche hinsichtlich materieller Güter, Gesundheit oder Status. Eine meiner Kundinnen hat sich den Weltfrieden gewünscht, am Ende des Karriere-Navigator wiesen auch alle anderen Ergebnisse auf eine Tätigkeit in einer sozialen Einrichtung hin. Sie war bisher in der Buchhaltungsabteilung eines Großunternehmens, heute macht sie den gleichen Job – allerdings bei den SOS-Kinderdörfern.

Karriere-Navigator 2
Ihr bisheriger Weg

Auch im Karriere-Navigator gibt es den Blick auf das, was Sie bisher getan haben und im Moment tun. Nicht immer, aber oft steckt in der Ausbildung, die wir gewählt haben, bereits ein Hinweis auf bestimmte Anlagen. Interessant ist vor allem, was Sie von den Dingen, die Sie gelernt, studiert oder durch *Learning by Doing* erworben haben, wirklich gerne und am liebsten tun. Sie finden nachfolgend Fragen zu Ihrer Ausbildung, Ihren weiteren Qualifikationen, Ihrer aktuellen Tätigkeit, den Umständen, unter denen Sie arbeiten, und den Dingen, die andere Menschen für Ihre Stärken halten.

Zuerst listen Sie alle Aus- und Weiterbildungen auf, die Sie gemacht haben, beispielsweise Ihre Berufsausbildung, ein Studium oder eine Doktorarbeit. Denken Sie hier bitte auch an die Dinge, die nicht direkt etwas mit Ihrem Beruf oder Ihrer aktuellen Tätigkeit zu tun haben, etwa ein Trainerschein, eine Ausbildereignungsprüfung oder die Qualifikationen, die Sie als Vereinsvorstand brauchten. Schreiben Sie bitte alles auf, was Ihnen dazu einfällt.

Über welche weiteren besonderen Qualifikationen verfügen Sie? Vielleicht können Sie außergewöhnlich gut thailändisch kochen, mehrere Fremdsprachen sprechen, beherrschen besondere PC-Programme, spielen leidenschaftlich gern Theater oder haben als Schöffe bei Gericht Erfahrungen gesammelt. Denken Sie auch an Jobs und Praktika, die Sie während Ihrer Schulzeit, Ihrer Ausbildung oder Ihres Studiums gemacht haben. Oft vergessen meine Kunden diese Dinge, obwohl viele gerade in ihren Nebenjobs den meisten Spaß hatten. Auch das sind Qualifikationen, selbst wenn sie dafür kein Zeugnis bekommen haben. Bitte listen Sie jetzt auf einem separaten Blatt alle weiteren Qualifikationen auf, über die Sie verfügen.

Betrachten Sie nun Ihre aktuelle Tätigkeit. Wo und was arbeiten Sie? Also in welchem Unternehmen, welcher Branche, Abteilung und Bereich und wie würden Sie Ihre Tätigkeit selbst genau bezeichnen? Lesen Sie bitte noch das folgende Beispiel und schreiben Sie dann Ihre Antwort auf.

Beispiel: Ich bin im XYZ-Versand in der Abteilung Kundenbetreuung tätig. Dort bin ich zuständig für den Bereich Beschwerdemanagement, wobei ich mich vor allem um Reklamationen von Großkunden mit mehr als 30 000 Euro Jahresumsatz kümmere. Ich bin Teamleiter und habe drei Mitarbeiter, die mich bei meiner Tätigkeit unterstützen.

Was halten Ihre Kollegen/Ihr Vorgesetzter/Ihre Freunde für Ihre größten Stärken? Erinnern Sie sich zum Beispiel an Ihr letztes Feedback-Gespräch im Büro oder an die Organisation einer Party, für die Sie von Ihren Freunden viel Lob bekommen haben. Viele meiner Kunden behaupten an dieser Stelle, sie wüssten keine Stärken, und können dafür auf Anhieb alle ihre Schwächen aufzählen. Nachdem Sie den Schritt Nummer 10 des Karriere Navigator absolviert haben, können Sie garantiert mehr als genug Stärken von sich nennen. Falls Ihnen hier also zu wenig einfällt, lassen Sie die Antwort noch offen und gehen Sie zum nächsten Punkt.

Unter welchen Bedingungen arbeiten Sie? Wie sehen Ihr Arbeitsplatz und Ihre Umgebung aus? Haben Sie ein Büro für sich oder teilen Sie sich mit Ihren Kollegen ein lautes Großraumbüro? Können Sie ins Grüne blicken, auf die Skyline einer Stadt oder sehen Sie auf grauen Asphalt? Bitte notieren Sie, wie Sie arbeiten.

Beispiel: Sabine hat nach ihrem Abitur und ihrer Ausbildung zur Bankkauffrau ein Übersetzungsstudium und anschließend ein MBA-Aufbaustudium gemacht. Dabei war sie auch an verschiedenen Universitäten im Ausland, unter anderem in Australien. Als weitere Qualifikationen hat sie Fotografieren, Theaterspiel und Leistungssport notiert. In ihrem aktuellen Job ist sie vor allem allein tätig, wünscht sich aber, mehr mit jungen motivierten Kollegen zu arbeiten. Die drei Begriffe, die Sabine markiert hat, sind »Australien«, »mit Menschen« und »international«.

Bitte markieren Sie mit einem farbigen Stift die drei Begriffe, Ausbildungen, Stärken oder Beschreibungen, die Sie am meisten ansprechen. Das können wie bei Sabine auch Begriffe sein, die vordergründig nichts oder wenig mit Ihrem Beruf zu tun haben. Gehen Sie nur nach Ihrem Gefühl und markieren Sie die drei Begriffe spontan! Halten Sie diese Begriffe anschließend noch einmal schriftlich fest.

Oft sind es nicht die Dinge, die Sie gelernt oder studiert haben, die Ihnen etwas bedeuten, sondern äußere Umstände, Kontakte mit Kollegen oder besondere Erfahrungen während eines Auslandsaufenthalts – und genau auf die kommt es an. Sind Sie zufrieden mit den drei Begriffen, die Sie für sich markiert haben? Ihre bisherige berufliche Laufbahn ist damit hinreichend beleuchtet. Der nächste Schritt geht ein ganzes Stück weiter zurück – in Ihre Kindheit.

Karriere-Navigator 3
Kindheitsträume – Kindheitspläne

»Der Weltraum – unendliche Weiten. Wir schreiben das Jahr 2200. Dies sind die Abenteuer des Raumschiffs Enterprise, das mit seiner 400 Mann starken Besatzung fünf Jahre unterwegs ist, um neue Welten zu erforschen, neues Leben und neue Zivilisationen. Viele Lichtjahre von der Erde entfernt dringt die Enterprise in Galaxien vor, die nie ein Mensch zuvor gesehen hat.« Es folgt die Melodie der in den Siebzigern so beliebten Fernsehserie. Wer von uns wollte nicht Captain Kirk, Mister Spock oder Lieutenant Uhura sein oder wenigstens deren Abenteuer erleben?

Können Sie sich noch daran erinnern, was Sie als Kind werden wollten, wenn Sie erwachsen sind? Ich kann mich an meine – zum Teil abenteuerlichen – Träume noch gut erinnern. Viele davon habe ich im Laufe meines Lebens schon wahr gemacht. Manche sind noch in Arbeit, aber so soll es auch sein.

Was Hänschen nicht lernt, lernt Hans nimmermehr. Dieser Satz gilt nicht nur in Zeiten lebenslangen Lernens als überholt. Was Hänschen als Kind nicht gelernt hat, kann er jederzeit als Erwachsener nachholen. Und was Hänschen kann, können Sie auch!

Beispiel: Hans hat als kleiner Junge davon geträumt, zum Mond zu fliegen. Er wollte Astronaut werden, weil ihn die Technik und die Weite des Alls fasziniert haben. Heute ist er leitender Angestellter in einem Unternehmen, das elektronische Bauteile für die

Automobilindustrie herstellt. Möglicherweise wird er nun mit 55 nicht mehr zum Astronauten, aber das Wiederentdecken seines alten Kindertraums hat ihn dazu gebracht, jetzt über ein Senioren-Studium an der Universität nachzudenken.

In diesem Kapitel erwarten Sie fünf Fragen, die sich alle um Ihre Kindheit drehen:

- um die Dinge, die Sie als Kind gerne getan haben,
- um die Berufe und Lebensumstände, von denen Sie als Kind geträumt haben,
- um Talente und Fähigkeiten, die in diesen Erinnerungen und Träumen stecken,
- um Ihren Umgang mit anderen Kindern
- und darum, was die wichtigsten Menschen in Ihrem Leben von Ihnen erwarten bzw. früher erwartet haben.

Von allen Schritten im Karriere-Navigator ist dies der längste, manchmal der schwierigste und manchmal sogar der wichtigste Teil, auch oder gerade weil es hier vor allem um Ihre Erinnerungen geht.

Einige Träume aus unserer Kindheit klopfen Zeit unseres Lebens zum Teil dezent und leise, zum Teil aber auch laut und heftig an die Tür unseres Bewusstseins. Es ist nie zu spät dafür, die Tür zu öffnen und diese Träume zurück in Ihr Leben zu lassen. Aus eigener Erfahrung weiß ich, dass das Leben damit glücklicher wird.

Wenn Ihre Berufung der Ruf Gottes (oder einer Ihnen mehr entsprechenden Instanz) ist, bestimmte Aufgaben zu erfüllen, und Sie dafür mit den besten Anlagen und Voraussetzungen ausgestattet wurden, finden Sie diese am besten in der Zeit, in der Sie noch am meisten Sie selbst waren – in Ihrer Kindheit.

Beispiel: Annette wurde Anfang der Sechzigerjahre in einer für damalige Verhältnisse »ganz normalen« Familie geboren. Ihre Mutter kümmerte sich um das Heim, während ihr Vater für die finanzielle Versorgung verantwortlich war.

Bei Annettes Geburt ging es etwas unsanft zu. Sie wurde nach vielen Stunden Geburtswehen von den Ärzten wenig liebevoll mit einer Saugglocke auf die Welt geholt.

Wegen der schwierigen Geburt kümmert sich Annettes Mutter ganz besonders um ihre kleine Tochter und bemüht sich, ihr jeden Schmerz zu ersparen. Sobald sie glaubt, die Schippe des kleinen Jungen im Sandkasten könnte auf dem Kopf ihrer Tochter landen, geht sie lieber mit ihr nach Hause oder fängt einen Streit mit der Mutter des kleinen Raufbolds an. Sie will ihre Tochter beschützen, aber leider lernt Annette so nicht, sich selbst mit anderen auseinanderzusetzen.

Annettes Vater ist enttäuscht, da er gern einen Stammhalter gehabt hätte. Er glaubt allerdings in seiner kleinen Tochter ein besonderes handwerkliches Talent zu erkennen und schenkt ihr zum Geburtstag statt der damals üblichen Puppe einen Baukasten. Dass sie sich viel mehr über einen Roller gefreut hätte, bemerkt er nicht.

Annette hat Glück, alle vier Großeltern sind noch am Leben und oft in ihrem Elternhaus zu Gast. Die eine Großmutter träumte als junges Mädchen davon, eine Primaballerina zu werden, doch in der Zeit des Zweiten Weltkrieges war das leichter gesagt als getan. Es wurde nichts aus ihrem Traum. Dafür wünscht sie sich jetzt, ihre Enkelin an der Ballettstange und später auf der Bühne zu sehen – im rosafarbenen Tutu, das sie ihr zum dritten Geburtstag schenkt. Annette hasst Rosa und sie hasst Röcke, aber ihrer Großmutter zuliebe zwängt sie sich in das unbequeme Kostüm und geht widerwillig in die Ballettstunden, die ihre Großmutter ihr finanziert.

Der Großvater ist ein netter Mensch und verrückt nach seiner kleinen Enkeltochter, der er jeden Wunsch von den Augen abliest. Bei ihm hat Annette das Gefühl, ganz sie selbst sein zu dürfen, deshalb verbringt sie viel Zeit mit ihm.

Annettes andere Großmutter ist eine patente Frau, die bis ins fortgeschrittene Alter eine eigene Gastwirtschaft in ihrem Heimatdorf geführt hat. Sie war immer finanziell unabhängig von ihrem Mann, was zur damaligen Zeit einigermaßen ungewöhnlich war.

Diese Großmutter wünscht sich für ihre Enkelin, dass sie später auf eigenen Beinen steht und dafür möglichst früh einen anständigen Beruf lernt. Studieren hält sie für Zeitverschwendung. Annette bewundert sie sehr und ist schon früh bemüht, ihren Ansprüchen gerecht zu werden.

Der Mann dieser Großmutter war bis zu seiner Pensionierung Geschäftsführer eines großen Bauunternehmens. Auch er ist der Meinung, dass Annette eine gute Ausbildung braucht, dazu aber auf jeden Fall ein Studium machen soll, weil man sonst auf dem Arbeitsmarkt keine Chancen hat.

Sechs verschiedene Menschen, sechs verschiedene Erwartungen an das kleine Mädchen und sechs verschiedene Verhaltensweisen im Umgang mit ihr. Verstehen Sie nun, warum es sich lohnt, sich Ihrer Kindheit zuzuwenden, um Ihren Weg zu finden?

Ausgesprochene und unausgesprochene Botschaften und Erwartungen prägen uns unser Leben lang, ganz besonders in der Kindheit. Sie verhindern, dass wir ungestört uns selbst entdecken können, während wir zu »vernünftigen Erwachsenen« werden.

Natürlich ist unser Verhalten zu einem Teil Veranlagung, aber es ist zu anderen Teilen auch geprägt von unserer Erziehung, unseren Erfahrungen, unserem Umfeld und unserem Schicksal. Ein Mensch wird von der ersten Sekunde seines Lebens an von seinem

Umfeld beeinflusst und entfernt sich dadurch mehr und mehr von seinem Kern. Wie die kleine Annette, die wie jeder von uns – bewusst oder unbewusst – versucht, die in sie gesetzten Erwartungen zu erfüllen, und es dabei natürlich nicht allen recht machen kann. Am wenigsten sich selbst.

Jede neue Erfahrung bewirkt in einem Menschen eine veränderte Sicht auf die Welt, verändert sozusagen die Brille, durch die er schaut. Und darauf bauen die meisten irgendwann die Entscheidung für einen Beruf auf.

Was erwarten Ihre Eltern, Großeltern, Ihr Partner, Ihre Geschwister und Ihre besten Freunde von Ihnen? Selbst als Erwachsene handeln wir in vielen Fällen so, wie wir glauben, dass andere es von uns erwarten. Machen Sie sich bewusst, was die wichtigsten Menschen in Ihrem Leben von Ihnen erwarten oder erwartet haben, und schreiben Sie es auf. Wenn Sie es nicht wissen oder nicht ganz sicher sind, fragen Sie nach.

Wem wird es wohl die kleine Annette recht machen? Beißt sie sich als einigermaßen begabte Ballerina bis zur Hochschule durch (1. Großmutter) oder entscheidet sie sich für eine Ausbildung als Industriekauffrau und hat schon in jungen Jahren ein eigenes Einkommen (2. Großmutter)? Absolviert sie ein Architektur- oder Informatikstudium (Vater und 2. Großvater), wird sie früh verliebt, verlobt, verheiratet sein und sich um ihre eigene Familie kümmern (Mutter) oder schafft sie es, nach den Sternen zu greifen und ihren eigenen Weg zu gehen (und macht damit sich selbst und Großvater 1 glücklich)? Nur wer sich der Erwartungen anderer bewusst ist, kann sich entscheiden, sie zu erfüllen oder eben auch nicht.

In Ihren Kindheitserinnerungen können Sie Anhaltspunkte dafür entdecken, wer Sie wirklich sind – wer Sie waren, bevor Sie zu viele »fremde« Erwartungen übernommen haben. Sie können sich selbst, Ihren Kern, in dem wiederfinden, was Sie als Kind getan haben. Je weiter Sie sich in Ihre Kindheit zurückerinnern, desto mehr können Sie in Ihren Erinnerungen Ihre ursprünglichen, noch wenig verfälschten Anlagen erkennen und für Ihre neue Kursbestimmung nutzen.

Diese Übung ist ein Teil im Gesamtbild Ihrer Berufung. Nicht mehr und nicht weniger. Und sie kann Ihnen viel Freude bereiten. Bei dem einen oder der anderen von Ihnen ist es aber auch möglich, dass Sie traurig werden, wenn Sie zurückblicken. Vielleicht sind Ihre Eltern nicht mehr am Leben oder Sie schauen auf andere unangenehme Erfahrungen in der Kindheit zurück.

Sollten Sie dennoch das Gefühl haben, eine ganz normale oder sogar behütete Kindheit erlebt zu haben, gehen Sie bitte ganz entspannt an diese Übung heran. Jede Kindheit hat auch Schattenseiten, die Sie hier getrost vergessen dürfen. Es geht nur um die Dinge, die Ihnen als Kind Spaß gemacht haben.

Sollten Sie jedoch wirklich traumatische Erfahrungen gemacht haben oder es für möglich halten, solche in Ihrer Erinnerung zu entdecken, lassen Sie die Übung bitte aus. Es macht nichts, wenn dieser Teil des Karriere-Navigator fehlt. In den kommenden Übungen finden Sie noch genügend Informationen für das abschließende Gesamtbild und für Ihren neuen Kurs.

Um die folgenden Fragen zu beantworten, sollen Sie sich jetzt ganz bewusst an die Zeit Ihrer Kindheit zurückerinnern. Gehen Sie so weit zurück, wie es Ihnen möglich ist, und sammeln Sie Ihre Erinnerungen bis zur Pubertät.

Nehmen Sie zur Einstimmung alte Fotos zur Hand oder fragen Sie Ihre Eltern, Großeltern, Onkel, Tanten oder ältere Freunde, was sie aus Ihrer Kindheit noch in Erinnerung haben. Nehmen Sie sich für diese Übung so lange Zeit, wie Sie möchten. Wie wäre es zum Beispiel mit einem »Kindheitserinnerungsabend«, an dem Sie sich mit alten Kinderschallplatten, Musik ihrer Kindheit und einem Tee oder Wein zurückziehen und sich von Ihrer Erinnerung in die ersten Jahre Ihres Lebens entführen lassen?

Es ist ganz normal, wenn Ihnen am Anfang nur wenig einfällt. Auf den folgenden Seiten finden Sie typische Antworten auf die folgenden Fragen. Aber denken Sie daran, es geht *nur* um die Dinge, die Sie *am liebsten* getan haben. Wenn Sie diese Übung also optimal als Information für Ihre Berufung nutzen wollen, sollten Sie erst dann auf die Beispiele schauen, wenn Sie Ihre eigenen Erinnerungen aktiviert haben. Ansonsten ist die Gefahr groß, dass Sie – angeregt von dem, was andere am liebsten getan haben – Ihre Schwerpunkte in Ihrer Erinnerung verzerren.

Bitte notieren Sie Ihre Antworten auf separaten Blättern, die Sie nach und nach noch ergänzen und in Ihren Ordner einsortieren können.

Ihre Lieblingsbeschäftigungen

Womit haben Sie sich in Ihrer Kindheit am liebsten beschäftigt? Welche Spiele haben Sie gespielt? Welche Filme oder Fernsehsendungen haben Sie am liebsten angesehen? Welche Bücher haben Sie gelesen? Bitte schreiben Sie alles auf, an das Sie sich noch erinnern können.

Sie haben sich in Ihre Kindheit zurückversetzt und Ihre Erinnerungen belebt. Vielleicht haben Sie das Gefühl, etwas vergessen zu haben, doch bei dieser Übung geht es nicht um Vollständigkeit, sondern vor allem darum, dass Sie wiederfinden, was Ihnen in den ersten Jahren Ihres Lebens am meisten Spaß gemacht hat.

Wenn Sie die nachfolgende Aufzählung von den Dingen ansehen, die andere Menschen in ihrer Kindheit gerne getan haben, wird das eine oder andere auch zurück in Ihre Erinnerung gelangen. Bitte ergänzen Sie dann Ihre bisherige Liste, aber nehmen Sie nur die Dinge hinzu, die Ihnen *wirklich* Freude gemacht haben.

Was andere Menschen in ihrer Kindheit gerne getan haben

Sportliche Aktivitäten: Schwimmen • Fahrrad fahren • Rollschuh laufen • Skifahren • Rodeln • Schlittschuh laufen • Gummi-Twist • Fußball • Handball • Volleyball • Leichtathletik • Pferdesport • Geräteturnen • Leistungssport

Mit anderen gespielt: Versteckspiele • im Freien/auf dem Land gespielt • Höhlen/Baumhäuser gebaut • Fangen • Gruppenspiele wie Völkerball • Rollenspiele • Räuber und Gendarm • Bäumchen wechsel dich • Vater-Mutter-Kind • Indianer • Detektivspiele • Fantasiespiele • Arztkoffer • Verkleiden • Theater spielen • Zirkus spielen • Zaubertricks ausgedacht und vorgeführt • Kaufmannsladen • Kinderpost • LAN-Partys

Kreative und handwerkliche Tätigkeiten: Malbücher • Malen nach Zahlen • Malen und Zeichnen • Basteln • Stricken/Häkeln/Sticken • Laubsägearbeiten • Modellbau (Flugzeuge/Schiffe)

Typische Spielsachen: Modelleisenbahn • Carrera-Bahn • Autoparkhaus • Legosteine, Playmobil, Fischertechnik • Metallbaukasten PeBe • Magische Tafel • Chemiekasten • Puppen und/oder Barbie • Ausschneidepuppen • Puppenkleidung selbst genäht • Puppenhaus gebaut und/oder eingerichtet • Puzzle-Spiele • Gesellschaftsspiele (Halma, Monopoly, Kartenspiele, Das Spiel des Lebens, Deutschlandreise, Die Siedler von Catan und so weiter) • Schach • Computerspiele

Musik: Blockflöte • Klavier • Gitarre • Xylophon • Akkordeon • Schlagzeug • anderes Instrument • allein oder mit anderen musiziert • Chor/Kirchenchor • Schülerband

Und noch mehr: Geschichten ausgedacht/geschrieben • in den Tag hinein geträumt • Kochen • Backen • Messdiener • im Garten gewerkelt • Steine gesammelt • Pflanzen gezogen • eigenes Haustier (Meerschweinchen, Hund, Katze, Wellensittiche, Mäuse, Pferd) • Panini-Aufkleber • Diddl-Karten, andere Karten sammeln

Was andere Menschen in ihrer Kindheit gerne im Fernsehen gesehen haben

Zeichentrickfilme: Wicki • Biene Maja • Tom und Jerry • Calimero • Speedy Gonzales • Heidi • Schweinchen Dick • Hase und Wolf • Lollek und Bollek • Der kleine Maulwurf • Micky Maus • Inspektor Gadget • Garfield • Die Simpsons • Nils Holgersson • Captain Future

Tiersendungen: Daktari • Lassie • Black Beauty • Der Mann aus den Bergen • Flipper

Kindersendungen: Sendung mit der Maus • Sesamstraße • Muppet-Show • Augsburger Puppenkiste • Kliklaklawitter Bus • Neues aus Uhlenbusch • Pippi Langstrumpf • Der Räuber Hotzenplotz • Pan Tau • Catweazle • Die Fraggels • Hallo Spencer • Flimmerstunde • Sandmännchen • Pittiplatsch, Schnatterinchen und Moppi • Herr Fuchs und Frau Elster • Eins, zwei oder drei • Mach's mit, mach's nach, mach's besser • Drei Nüsse für Aschenbrödel • Robbi, Tobbi und das Fliwatüt • Pan Tau • Benjamin Blümchen • Bibi Blocksberg

Spielshows: Der Große Preis (früher *3 mal 9)* • Dalli Dalli • Was bin ich? • Am laufenden Band • Einer wird gewinnen • Wetten, dass ...? • Montagsmaler • Ein Kessel Buntes

Musiksendungen: Hitparade • Disco mit Ilja Richter • Im Krug zum Grünen Kranze • Erkennen Sie die Melodie • Sonntagskonzert • Formel 1 • Ronny's Pop Show • Elf 99 • DSDS • MTV • Viva

Science Fiction: Raumschiff Enterprise • Raumschiff Orion • Star Wars

Und noch mehr: Die Waltons • Die Straßen von San Francisco • Cannon • Kojak • Unsere kleine Farm • Alf • Nesthäkchen • Trotzkopf • Die Olsenbande • Detektiv Rockford • Drei Engel für Charlie • Väter der Klamotte • Dick und Doof • Ein Colt für alle Fälle • Hart, aber herzlich • Sportsendungen • Herr Rossi • Remington Steele • Shaft

Was andere Menschen in ihrer Kindheit gerne gehört und gelesen haben

Abenteuerromane • Liebesromane • Internatsgeschichten • Sachbücher • Märchen • Die drei Fragezeichen • Fünf Freunde • Schloss Schreckenstein • Abrafaxe • Die unendliche Geschichte • Momo • Hörspiele mit Pittiplatsch und Co. • Der kleine Pfennig • Der Zauberer der Smaragdenstadt • Hanni und Nanni • Bummi • Mosaik • Atze • Bravo • Frösi • Junge Welt • Tabaluga • Alfons Zitterbacke • Tier-/Pferdebücher • Hui Buh, das kleine Gespenst • Die kleine Hexe • Der kleine Wassermann • Kleiner König Kallewirsch • Geschichten aus dem Mumintal • Winnetou • Die Schatzinsel • Der Herr der Ringe • jede Art von Musik

Sie haben sich jetzt an die Dinge erinnert, mit denen Sie sich in Ihrer Kindheit gerne beschäftigt haben, möglicherweise sogar etwas wiederentdeckt, an das Sie lange Zeit nicht gedacht haben. Wenn Sie Ihre Liste um die Dinge, die Ihnen noch wichtig sind, ergänzt haben, gehen Sie bitte weiter zur nächsten Frage.

Ihre Kindheitsträume

Die zweite Frage versucht herauszufinden, welche Träume Sie als Kind für Ihr Leben hatten. Das beinhaltet natürlich Traumberufe, aber auch Lebensumstände, von denen Sie geträumt haben, wie das Haus auf dem Land oder das Penthouse in New York. Wenn Sie Ihre eigenen Erinnerungen aufgeschrieben haben, finden Sie auch hier wieder weitere Inspirationen für Ihre Erinnerungen in typischen Antworten anderer Menschen, die sich auf die Suche nach ihrer Berufung begeben haben.

Traumberufe und Lebensumstände können zum Beispiel sein: der Wunsch, zum Mond zu fliegen, eine berühmte Schauspielerin zu werden oder der reichste Mensch der Welt zu sein.

Bitte notieren Sie alles, was Ihnen in den Sinn kommt, auch wenn es Ihnen noch so lächerlich erscheint. Denn für Kinder ist nichts lächerlich; das Wort ist eine »Errungenschaft« der Erwachsenen.

Denken Sie bei der Beantwortung dieser Frage auch wieder so weit zurück, wie Sie können. Beginnen Sie mit der frühesten Kindheit und arbeiten Sie sich langsam bis etwa zum 16. Lebensjahr vor. Die meisten konnten sich in diesem Alter entscheiden, ob sie eine Ausbildung beginnen oder die Schule bis zum Abitur fortsetzen wollen. Natürlich ist auch der Beruf, den Sie dann tatsächlich gelernt oder studiert haben, von Bedeutung, doch der wurde im vorherigen Kapitel bereits berücksichtigt und in den meisten Fällen ist die Entscheidung nicht für den Traumberuf Ihrer Kindheit gefallen – sonst würden Sie wahrscheinlich dieses Buch nicht lesen.

Wenn Sie an die Träume Ihrer Kindheit denken, erinnern Sie sich vielleicht an Worte von Ihren Eltern oder anderen Verwandten wie: »Aus dem Toni wird noch ein großer Künstler« oder »Unsere Susi ist die geborene Tänzerin«. Auch das kann Ihre Erinnerung anregen, aber seien Sie vorsichtig: Nicht weil Ihre Großmutter gerne Ballerina werden wollte und Sie es als Ihren Traum verkauft haben, um sie glücklich zu machen, ist es auch wirklich Ihr Traum gewesen. Aber wenn Sie es schon als Kind geliebt haben, zu tanzen, und heute den ganzen Tag im Büro sitzen, dann kicken Sie Ihre Schuhe in die Ecke, drehen Sie die Musik auf und tanzen Sie mal wieder aus Herzenslust durch Ihr Wohnzimmer.

Beantworten Sie bitte jetzt die nächste Frage. Was wollten Sie werden, wenn Sie erwachsen sind? Von welchen Berufen oder Lebensumständen haben Sie geträumt?

Bitte sehen Sie sich nun die Liste von »typischen« Kindheitsträumen an und ergänzen Sie Ihre eigenen Träume, wenn noch mehr Erinnerungen in Ihnen auftauchen.

Traumberufe der Kindheit

Archäologe • Arzt • Astronaut • Baggerfahrer • Balletttänzerin • Bauarbeiter • Bauer • Bühnenbildner • Bundeskanzler • Designerin • Erfinder • Feuerwehrmann • Förster • Forscher • Fußballstar • Kapitän • Kfz-Mechaniker • Kinderarzt • Kindergärtnerin • Kinderkrankenschwester • Kosmetikerin • Kranführer • Künstler •

Kunstturnerin • Lehrerin • Lokführer • Maler • Musiker • Pilot • Polizist • Psychologin • Reitlehrer • Rennfahrer • Schauspieler • Schneiderin • Schriftsteller • Skilehrer • Sportjournalist • Stewardess • Visagistin • Vulkanologe • Wissenschaftlerin • Zauberer • Zirkusdirektor

Lebensumstände, von denen Menschen als Kind geträumt haben

Berühmt sein • auf einem Bauernhof leben • viele Kinder haben • im Jet-Set leben • wie ein berühmter Schauspieler, Sänger, Entertainer sein • bei den Olympischen Spielen dabei sein • Frieden in der Welt schaffen • revolutionär sein • bei Greenpeace arbeiten

Ist noch ein »neuer« alter Traum dazugekommen? Haben Sie das Gefühl, alles Wesentliche notiert zu haben? Sie können Ihre Antwort später weiter ergänzen, wenn Ihnen noch etwas einfällt. Wenn Sie im Moment mit dem, was Sie notiert haben, zufrieden sind, lesen Sie bitte weiter bis zur nächsten Frage.

Talente und Fähigkeiten

Bei der kommenden Frage geht es darum, dass Sie sich bewusst machen, was Sie von den Dingen, die Sie in Ihrer Kindheit gerne hatten, in Ihr Erwachsenenleben »hinübergerettet« haben. Wann haben Sie das letzte Mal entspannt ein Bild gemalt, etwas gebastelt oder aus voller Kehle gesungen?

Nicht alles, was Sie früher gerne getan haben, muss auch Teil Ihres Traumjobs sein, damit es Ihnen gut geht, aber es muss in irgendeiner Form Teil Ihres Lebens sein. Wenn Sie am Ende des Karriere-Navigator die gesammelten Informationen zusammentragen und es Dinge aus Ihrer Kindheit gibt, die Sie nicht zum Beruf machen wollen, die Ihnen aber sehr wichtig sind, integrieren Sie sie anderweitig in Ihr Leben.

- Wenn Ihr Kindheitstraum zum Beispiel war, als Stewardess um die Welt zu fliegen, haben Sie heute vielleicht einen großen Freundeskreis, gehen oft aus und schauen sich gerne Berichte oder Bücher zu fernen Ländern an?
- Träumten Sie als Kind davon, Wissenschaftler zu werden? Lesen Sie dann heute noch regelmäßig Berichte im Wissenschaftsteil der Tageszeitung oder analysieren das Weltgeschehen auf Ihre eigene Art?
- Wenn Sie als Kind viel im Freien gespielt haben und Ihnen die Nähe zur Natur wichtig war, gehen Sie dann heute gerne im Wald spazieren, haben einen eigenen Garten oder sind im Vorstand des Orchideenzuchtvereins?
- Waren Sie früher immer der Erste auf dem Sportplatz? Sind Sie dann heute Mitglied in einem Fitness-Club oder sehen sich zumindest noch gerne und regelmäßig Sportsendungen im Fernsehen an?

Beispiel: Stefan wollte als Kind Wissenschaftler werden und zum Mond fliegen. Das Interesse an Technik blieb und er entschied sich nach der Schule für ein Studium der Physik. Während seines Studiums verdiente er sein Geld als Personalberater und vermittelte Spezialisten für die Telekommunikationsbranche. Der Markt boomte und bald bot man ihm an, Partner zu werden und in die Geschäftsleitung einzusteigen. Er nahm das Angebot an und brach sein Physikstudium ab. Nach kurzer Zeit übernahm er den gesamten Vertrieb. Er kam ins Coaching, weil er mit seinem Leben immer unzufriedener wurde und ihm das abgebrochene Studium keine Ruhe ließ. Er stellt fest, dass er sich bei seiner Arbeit zu sehr von dem entfernt hat, was ihm wirklich Freude macht, und dass es ihm wichtig ist, sein Studium zu beenden. Stefan hat sein Studium inzwischen wieder aufgenommen und seinen Einsatz im Unternehmen auf ein Mindestmaß reduziert. Ihm ist klar, dass er eine Zeit lang doppelt belastet sein wird, aber er hat letztendlich seine alte Leidenschaft wiedergefunden und sich entschieden, diesen Weg zu gehen. Zum ersten Mal seit vielen Jahren ist er wieder zufrieden.

Bitte nehmen Sie jetzt Ihre Antworten auf die ersten beiden Fragen zur Hand und überlegen Sie, auf welche Talente und Fähigkeiten Ihre Kindheitsträume und Lieblingsbeschäftigungen hinweisen könnten. Was haben Sie davon bereits in Ihr Leben integriert? Welche Dinge, die Ihnen in Ihrer Kindheit besonders wichtig waren und von denen Sie geträumt haben, fehlen Ihnen im Moment in Ihrem Leben? Bitte notieren Sie auch hier wieder alles, was Ihnen dazu einfällt.

Wenn Sie bei der Beantwortung dieser Frage festgestellt haben, dass Sie in Ihrer Kindheit etwas gerne getan haben, das Sie aber völlig vergessen haben, dann holen Sie es zurück in Ihr Leben. Ob Sie früher leidenschaftlich Modellflugzeuge gebaut oder Volleyball gespielt haben, tun Sie es wieder! Sie werden feststellen, dass es Ihnen guttut.

Ihr Umgang mit anderen Kindern

Diese letzte Frage zu Ihrer Kindheit ist eine weitere wichtige Information für die Neubestimmung Ihres Kurses. Es geht darum, wie Sie mit anderen Kindern und andere Kinder mit Ihnen umgegangen sind.

Vielleicht sind Sie noch nicht sicher, ob Sie sich wirklich selbstständig machen sollen oder ob der Job als Abteilungsleiter, den man Ihnen angeboten hat, gut für Sie ist. Auch für diese Fragen können Sie in Ihrer Kindheit wichtige Anhaltspunkte finden.

Beispiel: Frank hat schon in der ersten Klasse einen Mitschüler verteidigt, der von drei anderen größeren Jungs angegriffen wurde. Er wurde zum Klassensprecher gewählt, später sogar zum Schulsprecher. Die Erfahrungen, die er dabei gesammelt hat, fließen noch heute in seine Arbeit als Geschäftsführer eines großen mittelständischen Unternehmens ein, wo es zu seinen besonderen Führungsqualitäten gehört, zwischen unterschiedlichen Interessen seiner Abteilungsleiter zu vermitteln.

Die meisten meiner Kunden, die heute Geschäftsführer, Team- oder Abteilungsleiter sind, waren in ihrer Schulzeit Klassensprecher oder sogar Schulsprecher. Natürlich gibt es dabei gute und weniger gute Führungskräfte, doch vor allem gibt es offensichtlich einen großen Zusammenhang zwischen Rollen, die man in der Kindheit schon innehatte, und dem Leben, das man als Erwachsener führt. Das heißt selbstverständlich nicht, dass Sie keine geborene Führungskraft sind, nur weil Sie früher kein Klassensprecher waren. Zum Glück verändern wir uns im Laufe der Zeit und entwickeln die Anteile unserer Persönlichkeit weiter, die wir brauchen, um unsere Berufung zu leben.

Wenn Sie schon als junger Mensch Kindern aus dem Weg gegangen sind, die Ihnen weniger freundlich gesinnt waren, wie ist das heute in Ihrem Leben? Wie gehen Sie mit Konflikten um? Gehen Sie ihnen noch immer aus dem Weg oder haben Sie Strategien entwickelt, mit diesen Situationen umzugehen? Fühlen Sie sich wohl damit?

Wenn Sie schon als Kind am liebsten mit anderen gespielt haben und immer in irgendeiner Clique waren, tun Sie zum Beispiel gut daran, sich bei Ihrer Arbeit nicht den ganzen Tag allein ins

Kämmerchen zu setzen. Sie würden sich keinen Gefallen damit tun, Ihren eigenen Online-Shop zu eröffnen oder Computer-Spiele zu entwickeln. Wer gerne Kontakt mit Menschen hatte, braucht das in den meisten Fällen auch als Erwachsener – es sei denn, er hat sich schon als Kind verbogen und wäre lieber allein gewesen.

Die folgenden Punkte sollen Ihnen als Anhaltspunkte für die Beantwortung der kommenden Fragen dienen:

- Waren Sie oft allein oder Teil einer Clique?
- Beliebt oder eher nicht?
- Der Pausenclown oder ein Vermittler?
- Hatten Sie viele Freunde oder einige wenige ausgewählte?
- Waren Sie Klassensprecher, Stellvertreter oder haben Sie sich von diesen Aufgaben lieber ferngehalten?
- Sind Sie für andere eingetreten, wenn diese in Ihren Augen ungerecht behandelt wurden, oder waren Sie in Streitigkeiten eher neutral?
- Sind andere für Sie eingetreten oder mussten Sie allein für sich kämpfen?
- Hatten Sie auch körperliche Auseinandersetzungen oder haben Sie schon früh versucht, Konflikte verbal zu klären?

Bitte beantworten Sie auch diese letzte Frage wieder schriftlich: Wie war Ihr Verhältnis zu anderen Kindern? Wie sind Sie mit Kindern umgegangen, die Sie nicht mochten oder die umgekehrt Ihre Person nicht mochten und die Sie vielleicht sogar angegriffen haben?

Zu guter Letzt

Nehmen Sie bitte alle vier Antwortbögen dieses Kapitels (Lieblingsbeschäftigungen, Kindheitsträume, Talente und Fähigkeiten sowie

Umgang mit anderen Kindern) und schauen Sie sie noch einmal in Ruhe durch. Die Antworten auf die Frage nach den Erwartungen anderer lassen Sie bitte weg, denn es geht um Ihre Träume. Nehmen Sie nun einen farbigen Stift und markieren drei Worte, Themen oder Berufsbezeichnungen, die Sie spontan und vom Gefühl her am meisten ansprechen. Bitte überlegen Sie nicht zu lange, sondern markieren einfach drei. Dann heften Sie die Blätter in Ihren Ordner und vergessen sie zunächst; Sie brauchen sie erst später wieder – für den letzten Schritt Ihres Karriere-Navigator.

Falls Sie jetzt schon in Versuchung sind, zu überlegen, auf welchen Traumberuf Ihre Kindheitserinnerungen hindeuten könnten, zügeln Sie bitte Ihre Ungeduld oder Neugier. Es würde Sie nur wieder auf die Weiden führen, die Sie schon längst abgegrast haben und auf denen Sie auch bisher nicht satt geworden sind.

In diesem Kapitel haben Sie sich mit Ihrer Kindheit beschäftigt und sich daran erinnert, was Sie als Kind am liebsten getan haben und von welchen Berufen und Lebensumständen Sie geträumt haben. Sie haben sich bewusst gemacht, was Sie davon heute in Ihrem Leben integriert haben oder was Ihnen so wichtig ist, dass Sie es wieder integrieren wollen. Sie haben sich die Frage gestellt, was wichtige Menschen in Ihrem Leben von Ihnen erwarten, oder sie, wenn Sie nicht sicher waren, direkt danach gefragt. Sie haben sich daran erinnert, wie Sie in Ihrer Kindheit mit anderen umgegangen sind und schließlich aus all Ihren Antworten die drei wichtigsten Themen, Ideen beziehungsweise Berufsbezeichnungen markiert, um am Ende des Karriere-Navigator wieder darauf zurückzukommen.

Damit schließen wir das Kapitel »Kindheit« wieder.

Karriere-Navigator 4
Ihre Motivation

Nachdem wir uns jetzt Ihre Vergangenheit, also Ihren beruflichen Weg und Ihre Kindheit, angesehen haben, geht es bei der nachfolgenden Übung um tief in Ihnen liegende Grundbedürfnisse und Lebensmotive. Es ist besonders wichtig, dass Sie zuerst die Übung machen und erst dann weiterlesen, sonst bringen Sie sich um ein wertvolles Instrument auf dem Weg zu Ihrer Berufung.

Auf Seite 89 finden Sie eine Reihe von Begriffspaaren. Um Ihren Verstand zu besänftigen, schicke ich auf dieser Seite eine kurze Erklärung zu den jeweiligen Begriffen voraus. Entscheidend ist letztendlich aber nicht mein Verständnis von dem jeweiligen Begriff, sondern wie Sie ihn verstehen. Nehmen Sie also meine Definition bitte nur als Anregung, denn wie immer sind Sie selbst der wichtigste Maßstab! Einige Beispiele:

- *Macht:* Einfluss nehmen können
- *Neugier:* Freude am Neuen und am Lernen
- *Ordnung:* Bedürfnis nach Struktur und Organisation
- *Ehre:* Bedeutung von Prinzipien, Loyalität
- *Beziehungen:* Nähe zu und Austausch mit anderen
- *Familie:* Partnerschaft und Kinder
- *Erfolg:* Leistungsorientierung
- *Lebenskraft:* voller Energie sein
- *Spaß:* leichtes Leben
- *Reichtum:* mehr Geld haben, als man braucht

- *Herausforderung:* in neuen Situationen gefordert sein
- *Freude:* Dankbarkeit, Glück, Sinn empfinden
- *Sicherheit:* geregelte Lebensgrundlage
- *Unabhängigkeit:* finanziell und emotional
- *Freiheit:* eigene Entscheidungen treffen können
- *Anerkennung:* soziale Akzeptanz
- *Sparen:* Sammeln von Materiellem
- *Gerechtigkeit:* Kampf für die Sache
- *Status:* Prestige, Symbole
- *Eros:* Erotik, Ästhetik, Sinnlichkeit
- *Genuss:* Freude an Nahrung, Berührung, schönen Dingen
- *Schönheit:* in Dingen, Menschen und der Natur
- *Ruhe:* innere und äußere Entspannung
- *Harmonie:* zwischen Menschen, in Farben, Musik
- *Ruhm:* öffentliche Aufmerksamkeit
- *Idealismus:* soziales Engagement
- *Abenteuer:* das Leben als Spiel
- *Aktivität:* geistig und/oder körperlich in Bewegung

Bitte schauen Sie sich nun die nachfolgende Begriffsliste an und betrachten Sie jeweils die in einer Zeile stehenden Begriffspaare, also Macht und Freiheit, Neugier und Anerkennung und so weiter. Sie streichen nun bitte *zügig* bei allen 14 Begriffspaaren den Begriff des jeweiligen Paares durch, der Ihnen weniger wichtig ist. Bei manchen Begriffen fällt Ihnen die Wahl vielleicht schwerer als bei anderen. Dann lassen Sie bitte den Begriff stehen, der Ihnen das wärmere Gefühl gibt oder Ihnen vielleicht sogar ein Lächeln entlockt.

Macht	Freiheit
Neugier	Anerkennung
Ordnung	Sparen
Ehre	Gerechtigkeit
Beziehungen	Status
Familie	Eros
Erfolg	Genuss
Lebenskraft	Schönheit
Spaß	Ruhe
Reichtum	Harmonie
Herausforderung	Ruhm
Freude	Idealismus
Sicherheit	Abenteuer
Unabhängigkeit	Aktivität

Von den 14 Begriffen, die jetzt noch übrig sind, wählen Sie bitte die sieben aus, die Sie davon am stärksten positiv berühren, und kreisen Sie sie ein. Diese sieben Begriffe schreiben Sie bitte anschließend auf ein Blatt Papier. Nun suchen Sie aus diesen sieben Begriffen die drei heraus, die Sie am meisten ansprechen, die Ihnen das beste Gefühl vermitteln. Diese drei Begriffe bringen Sie bitte in eine Rangfolge, also den für Sie schönsten, zweit- und drittschönsten Begriff, und schreiben sie bitte ebenfalls auf.

Diese »Begriffe« sind Ihre Lebensmotive – die Dinge, die Sie am Morgen aus dem Bett treiben (können) und die die Kraft haben, Sie glücklich zu machen, wenn Sie nach ihnen leben.

Die Lebensmotive stammen aus den Arbeiten des amerikanischen Motivationsforschers Steven Reiss. Er spricht in seinen Untersuchungen von insgesamt 16 grundlegenden Lebensmotiven, die unser Leben bestimmen und deren Erfüllung unserer Existenz Sinn verleiht. Deshalb passen sie natürlich ganz wunderbar, wenn man auf der Suche nach seiner Berufung ist. Ich habe seine Begriffe zum Teil übernommen und mit jenen ergänzt, die mir im Laufe meiner langjährigen Coaching-Tätigkeit immer wieder begegnet sind und mir ebenfalls wichtig erscheinen.

Die drei Lebensmotive, die Sie nun für sich identifiziert haben, gelten Zeit Ihres Lebens und nur besonders einschneidende Lebenserfahrungen können zu Änderungen führen. Es gibt dabei allerdings eine Ausnahme: Wenn unter Ihren letzten drei Lebensmotiven der Begriff »Lebenskraft« ist, wählen Sie sich bitte noch einen vierten aus der Liste mit den sieben Motiven, die Sie vorher aufgeschrieben haben, und lesen Sie erst weiter, wenn Sie sich entschieden haben.

Wenn »Lebenskraft« auf Ihrer Motivliste so weit oben erscheint, haben Sie wahrscheinlich lange keinen Urlaub mehr gemacht oder fühlen sich aus anderen Gründen erschöpft und ausgebrannt.

Interessanterweise hatten von meinen Kunden bereits viele Frauen, aber nur äußerst wenige Männer den Begriff Lebenskraft unter den drei wichtigsten Lebensmotiven. Das kann daran liegen, dass Frauen noch immer vielfacher belastet sind und es allen recht machen wollen. Es kann aber auch bedeuten, dass Männer erst sehr spät wahrnehmen oder zugeben können, dass sie mit ihrer Kraft am Ende sind.

Wie dem auch sei, für Sie ist es ein wichtiges Zeichen, sich um Ihre Gesundheit zu kümmern und für Entlastung zu sorgen. Sei es durch einen spontanen Urlaub oder einen eingeschobenen

Wellness-Tag – Hauptsache, Sie kümmern sich um sich. Wenn es Ihnen dann wieder besser geht und Sie erholt sind, verschwindet der Begriff von Ihrer Liste, deshalb können Sie schon jetzt einen neuen dafür auswählen.

Erst wenn Sie sich Ihrer wichtigsten Lebensmotive bewusst sind, können Sie dafür sorgen, in Ihrem (Berufs-)Leben danach zu leben. Fragen Sie sich, wie gut diese Lebensmotive in Ihrem augenblicklichen Leben und vor allem in Ihrer Arbeit erfüllt sind.

Menschen, die Freiheit oder Unabhängigkeit als eines der drei wichtigsten Lebensmotive ausgewählt haben, fühlen oft eine besonders starke Sehnsucht danach, sich selbstständig zu machen, oder brauchen, wenn sie in einem Unternehmen arbeiten, sehr viel Raum für eigene Entscheidungen und Verantwortung, um zufrieden zu sein.

Menschen mit dem Lebensmotiv Beziehungen an einer der ersten Stellen können eher im Team optimale Leistung erbringen und müssen, falls sie dennoch allein arbeiten, auf genügend Möglichkeiten zum Austausch mit anderen achten.

Wie gut kommt wohl jemand, dessen Motive Sparen, Anerkennung und Ruhe sind, mit seinem Job als Eventmanager zurecht, den er durch einen Freund gefunden hat? Er wäre sicher in einer Behörde besser aufgehoben. Ein Mensch, auf dessen Liste Ehre oder Gerechtigkeit weit oben stehen, kann vermutlich nur schwerlich in einem Tabakkonzern oder in der Rüstungsindustrie seine Erfüllung finden. Erst wenn dieser Mensch seine Tätigkeit in ein Unternehmen verlegt, das Gutes in die Welt bringt, wird sie sich vorzüglich mit seinen Lebensmotiven decken.

Manchmal ist es einfach, manchmal muss man genauer hinsehen, um die Lebensmotive zu deuten. Aber Tatsache ist: Wer gegen seine Motive lebt, gegen die Dinge, die ihm am wichtigsten sind, der kann auf Dauer kein erfülltes Leben führen. Idealerweise sind unsere Lebensmotive ein Teil der Motivation, einen bestimmten Beruf überhaupt erst zu ergreifen. Damit schaffen wir es auch durch schwierige Zeiten im Job und können mit Konflikten besser umgehen. Wir wissen instinktiv oder auch bewusst, dass es sich für uns lohnt. Wahrscheinlicher ist allerdings, dass Sie Entscheidungen in Ihrem Leben getroffen haben, die im Gegensatz zu Ihren Werten standen. Möglicherweise gehört die Entscheidung für Ihren Beruf dazu.

Indem Sie Ihren Lebensmotiven folgen, ihnen Raum geben, sich von ihnen leiten lassen, finden Sie Orientierung im Meer der Möglichkeiten. Und die Entscheidung für oder gegen ein Unternehmen, eine Tätigkeit oder auch eine Beziehung wird leichter. Sie können Ihre Werte nicht an der Bürotür oder der Haustür abgeben. Nur wenn Sie leben, wie Sie *wirklich* sind, kann es Ihnen gut gehen – bei Ihrer Arbeit und in jedem anderen Bereich Ihres Lebens.

Am Ende des Karriere-Navigator greifen wir Ihre drei Lebensmotive wieder auf, doch schon jetzt können Sie das Buch für ein paar Minuten zur Seite legen und sich Ihr Leben hinsichtlich dieser Motive ansehen. Wie erfüllt sind Sie im Bereich Beruf, Familie, Partnerschaft, Gesundheit, Lebenssinn? Jede Entscheidung für eine Neuausrichtung in Ihrem Leben können Sie jetzt an Ihren wichtigsten Motiven ausrichten.

Nach diesem »schwerwiegenden« Thema Ihrer Lebensmotive geht es nun um etwas ganz Leichtes: Ihre Interessen.

Karriere-Navigator 5
Lieblingsinteressen

Es gibt viele Möglichkeiten, wie man sich dem Thema Interessen nähern kann. Eine davon ist, sich anzuschauen, was ein Mensch gerne liest.

Wenn Sie durch Ihr Bücherregal schauen, welche Themen begegnen Ihnen dort vorwiegend? Welche Bücher haben Sie sich in den letzten zwei Jahren gekauft? In welcher Abteilung findet man Sie in einer großen Buchhandlung (also auch dort, wo Sie Bücher nur anschauen, die Sie nicht unbedingt kaufen, wie zum Beispiel Reiseführer, Bildbände, juristische Fachbücher)?

Bitte beantworten Sie wie bisher erst die Fragen, bevor Sie weiterlesen. Sie werden später erfahren, warum das so wichtig ist. Notieren Sie jetzt die Art der Bücher, die Sie gekauft haben oder die Sie in einer Buchhandlung in die Hand nehmen.

Gibt es Zeitschriften, die Sie besonders gerne lesen, also zum Beispiel *Architektur und Wohnen*, *Geo*, *Psychologie heute*, *emotion*, Zeitschriften zum Thema Wirtschaft, Fitness, Gesundheit, Mode, Technik und so weiter? Gemeint sind wieder nur die Zeitschriften, die Sie wirklich von Herzen gerne lesen, nicht die, die Sie aus beruflichen Gründen oder um am Ball zu bleiben lesen müssen. (Sie ahnen gar nicht, wie viele meiner, vor allem männlichen Kunden den *Spiegel* und das *manager magazin* nach dieser Erläuterung wieder wegstreichen.) Bitte zählen Sie die Zeitschriften auf, die Sie wirklich gerne lesen.

Wenn Sie eine Tageszeitung in die Hand nehmen, welche Seite schlagen Sie als Erstes auf, was interessiert Sie wirklich in einer Zeitung? Vielleicht Sport, Wirtschaft, Kultur, Politik, Feuilleton, Lokales oder der Immobilienteil? Was macht Ihnen Freude beim Lesen? Bitte schreiben Sie die entsprechenden Rubriken auf.

Die letzte Frage zu Ihren Interessen betrifft Ihre Hobbys, und zwar nicht nur die, die Sie tatsächlich ausüben, sondern auch die, denen Sie sich widmen würden, wenn Sie genügend Zeit oder Geld hätten. Denken Sie zum Beispiel an Sportarten, Handwerken, Tanzen oder Singen. Welches sind Ihre Hobbys und wobei können Sie die Zeit vergessen?

Sie haben Ihre Lieblingsinteressen systematisch zusammengetragen. Wenn Sie den richtigen Job haben, passen mindestens 70 Prozent der Themen, die Sie als Antworten aufgeschrieben haben, zu Ihrer Arbeit. Bei den meisten meiner Kunden ist das nicht der Fall. Wenn Sie Ihrer Berufung folgen, entsprechen die Dinge, die Sie besonders interessieren, den Dingen, mit denen Sie den größten Teil Ihrer Zeit verbringen – und das ist bei den meisten nun mal der Beruf.

Betrachten Sie deshalb Ihre Antworten und lassen Sie sie auf sich wirken. Bitte finden Sie jetzt ein bis drei rote Fäden in Ihren Antworten. Das nachfolgende Beispiel verdeutlicht, was ich damit meine.

Beispiel: Kerstin ist seit drei Jahren in einer Stadtverwaltung für den Bereich Events und Veranstaltungen zuständig. Auch wenn die Tätigkeit interessant klingt, ist sie damit nicht glücklich. Nach ihren Hobbys gefragt, beginnen ihre Augen zu leuchten, und sie erzählt, dass sie jede freie Minute mit der Sanierung, Vermietung und Verwaltung eines geerbten Wohnhauses beschäftigt ist. Die Bücher, die Kerstin sich am liebsten ansieht, sind solche, in denen es um Architektur geht. Als Zeitschrift nennt sie *Selbst ist der Mann* und andere, die praktische Anleitungen zum Heimwerken geben. In der Tageszeitung liest sie vor allem die Anzeigen für Immobilien, obwohl sie in ihrer Wohnung gerne wohnt und auch dort bleiben möchte. Sie sehen schon, worauf es hinausläuft. Der rote Faden in Kerstins Antworten ist das Thema Immobilie. Egal, ob Kauf, Renovierung, Vermietung oder Verwaltung, das Thema fasziniert sie. Bisher ist sie allerdings noch nie auf die Idee gekommen, daraus einen Beruf zu machen – sie wusste nicht, dass es so etwas überhaupt gibt. Seit einiger Zeit arbeitet sie nun als Facility Managerin, mit Spezialisierung auf die Sanierung und anschließende Vermietung von Großprojekten. Zum ersten Mal ist sie wirklich zufrieden mit ihrem Job.

Können Sie einen bis maximal drei rote Fäden in Ihren Antworten finden? Da dieser Schritt vielen meiner Kunden allein oft schwerfällt, bitten Sie wieder eine Person Ihres Vertrauens um Unterstützung. Nicht immer ist es so eindeutig wie bei dem Beispiel von Kerstin. Wenn Sie Ihre roten Fäden gefunden haben, markieren Sie diese bitte wieder mit einem bunten Stift und schreiben Sie die Begriffe zusammen mit allem, was Ihnen sonst noch dazu einfällt, auf ein separates Blatt, das Sie wieder in Ihren Ordner einsortieren und bei Bedarf ergänzen können.

Die Dinge, die Sie wirklich interessieren, für die Sie schwärmen, für die Sie sich leidenschaftlich erwärmen können, sind ein deutlicher Ausdruck Ihrer Seele und damit ein weiterer Hinweis auf Ihre Berufung.

Karriere-Navigator 6
Fünf-Leben-Übung

Die Disney-Technik ist eine Kreativtechnik, bei der es, wie auch beim Brainstorming, vor allem darum geht, möglichst viele Ideen zu finden und zu sammeln und erst später einem Realitätscheck zu unterziehen. Die meisten von uns neigen dazu, eine tolle Idee aus unterschiedlichen Gründen vorschnell zu verwerfen.

Beispiel: Ich könnte doch nächsten Sommer eine Reise nach Neuseeland machen. Aber nein, wahrscheinlich bekomme ich gar nicht so lange Urlaub und für drei Wochen lohnt es sich auch nicht. Außerdem ist es dort im Sommer sicher furchtbar heiß und ich habe ja auch niemanden, der mit mir fahren würde.

Erkennen Sie sich wieder? Die meisten Menschen denken auf diese Art. Disney hat zwischen die Idee und die kritische Stimme noch einen Vermittler geschaltet: die Stimme des Machers.

Nach der Idee, den Sommer in Neuseeland zu verbringen, wäre bei Disney nicht als Erstes die Aufzählung der Hindernisse gekommen, sondern die Überlegung, wie man die Idee umsetzen könnte. Zum Beispiel könnte unser Reisewilliger rechtzeitig einen Kollegen fragen, ob dieser in den vier Wochen, die er unterwegs sein möchte, für ihn einspringen kann, und seinen Chef dann mit einem vorbereiteten Lösungsansatz überzeugen. Und er könnte ein paar Bekannte zum Essen einladen und bei der Gelegenheit nachfragen, ob jemand Lust hätte, ihn zu begleiten. Erst dann käme die kritische Stimme ins Spiel, die darauf hinweist, dass die Reise außerhalb des Budgets liegt, sodass für unseren Reisenden die Chance besteht, frühzeitig mit dem Sparen zu beginnen.

Für die folgende Übung werfen Sie den Kritiker und auch den Macher freundlich, aber bestimmt über Bord und lassen Ihrem kreativen, verrückten Teil freien Lauf.

Wenn Sie fünf Leben hätten, zusätzlich zu dem, was Sie heute haben (falls Sie Ihr heutiges Leben behalten wollen), welche wären das? Je verrückter Ihre Ideen sind, desto besser. Wenn Sie heute als Geschäftsführer eines mittelständischen Unternehmens tätig sind, aber lieber ein Rockstar wären, oder wenn Sie Mutter von drei kleinen Kindern sind und lieber eine Weltreisende wären, schreiben Sie es auf. Es geht hier nicht darum, Ihr wahres Leben zu verleugnen, sondern andere Anteile Ihrer Persönlichkeit ans Licht zu bringen. Also nutzen Sie Ihre Chance und spinnen Sie!

1 ______________________________

2 ______________________________

3 ______________________________

4 ______________________________

5 ______________________________

Bitte schauen Sie Ihre fünf Leben jetzt noch einmal genau an. Sind Sie zufrieden mit Ihrer Kreativität? Oder steht da vielleicht so etwas wie: Ich wohne mit meiner Frau und meinen Kindern auf dem Land, wenn Sie es bereits tun? Falls das so ist, streichen Sie es und finden Sie noch ein Leben. Niemand sieht Ihnen über die Schulter. Also, was wären Sie? Eine Frau, ein Mann, berühmt, ein Künstler, Mutter Teresa, ein Rockstar, ein Eremit auf dem Berg oder eine Nonne im Kloster, ein Bergsteiger, eine Katze?

Wenn Sie jetzt zufrieden sind mit Ihrem Ergebnis, bitte überlegen Sie, welches dieser Leben – ganz gleich, wie verrückt es ist – Sie am liebsten leben würden. Welches wäre das tollste, das Ihnen am meisten Freude bringen würde? Bringen Sie Ihre fünf Leben bitte jetzt in eine Rangfolge, also vom liebsten bis zum fünftliebsten Leben. Und lesen Sie bitte erst weiter, wenn Sie diesen Schritt gemacht haben.

Das Leben, das jetzt an erster Stelle steht, ist das Leben, das Sie schon heute leben sollten, um glücklich zu sein. Egal, ob dort jetzt Rockstar, Nonne oder Weltreisender steht, das, was Sie an die erste Stelle gesetzt haben, ist das, was Ihnen am meisten bedeutet und womöglich im Moment am meisten fehlt.

Oft sehen meine Kunden mich an dieser Stelle entrüstet an und sagen: »Aber ich kann doch kein Leben mehr ohne meine Frau, meine Kinder, meinen Beruf und meine Verpflichtungen führen.« Aber das müssen Sie ja auch nicht. Wenn Sie diese Übung wirklich mit Ihrer kreativen Stimme gemacht haben, spricht daraus Ihre Seele zu Ihnen und zeigt Ihnen das, was in Ihrem Leben fehlt. Es geht an dieser Stelle nicht darum, dass Sie Ihr altes Leben aufgeben, sondern darum, dass Sie es um Neues bereichern.

Wenn Sie also unter den fünf Leben eines haben, das ohne Ihre Familie ist oder sogar in einem anderen Geschlecht, heißt das nur, dass Sie gerne mehr von diesem Leben hätten. Beispielsweise muss die dreifache Mutter, die gerne durch die Welt reisen würde, nicht gleich eine echte Weltreise machen. Vielleicht genügt eine Woche, die sie allein zum Bergsteigen geht oder in ein fernes Land fliegt, um ihre Sehnsucht nach Abenteuer und Freiheit zu befriedigen, die ihr zwischen den schmutzigen Windeln verloren gegangen ist. Und der mittelständische Unternehmer, der lieber ein Rockstar wäre, war früher oft auf Konzerten, hat sich aber in den letzten Jahren die Zeit dafür nicht genommen. Er könnte einen alten Freund anrufen und mit ihm in das nächstbeste Konzert gehen – wie in alten Zeiten. Wenn er wirklich selbst gerne auf der Bühne stände, gibt es wunderbare Gesangslehrer, bei denen man das Gefühl bekommt, ein Star zu sein – oder er wagt sich gleich auf die Karaoke-Bühne.

Beispiel: Tobias ist ein erfolgreicher Geschäftsmann, der während des Internet-Booms sein eigenes Unternehmen gegründet hat, das er bis heute erfolgreich führt. Statt aber wie früher neue Ideen entwickeln zu können, verbringt er den größten Teil seiner Zeit damit, sich um Personal und administrative Aufgaben zu kümmern. Die fünf Leben, die Tobias aufgeschrieben hat, sind Schriftsteller, Organisationsentwickler, Bergsteiger, Werbestratege und Professor. Beim Nachdenken über seine fünf Leben wird ihm klar, dass alle mit dem zu tun haben, was er gerne tut, von dem er aber im Moment viel zu wenig in seinem (Berufs-)Leben hat: Der Schriftsteller steht für seine Sehnsucht nach mehr Zeit, um seine Gedanken zu ordnen. Der Bergsteiger wünscht sich die Sicht über die Dinge. Der Organisationsentwickler ist etwas, das er tatsächlich gerne beruflich machen würde und das sich am Ende des Karriere-Navigator auch als eine neue Möglichkeit für ihn herausstellt. Im Werbestrategen steckt seine Leidenschaft, Menschen und ihre Bedürfnisse zu ergründen und für seine Zwecke zu nutzen, und der Professor will vor allem Zeit haben, Theorien zu entwickeln, und sie an junge Menschen weitergeben.

Wichtig ist, dass Sie hinter die Dinge schauen, also Ihre Leben weiter hinterfragen. Nehmen Sie sie als Symbol für das, was Ihnen fehlt. Ein Leben als Eremit auf dem Dach der Welt heißt nicht, dass Sie die Welt wirklich hinter sich lassen sollen, sondern weist womöglich darauf hin, dass Sie im Moment nicht genug Ruhe für sich finden können. Ein Leben als Schriftsteller kann bedeuten, sich mehr Zeit zum Reflektieren zu wünschen. Viele meiner Kunden sehen ein solches Leben als erstrebenswert an, doch bei genauerem Nachfragen hat keiner tatsächlich Lust darauf, jeden Tag allein am Computer zu sitzen und zu schreiben. Wenn Sie ein Mann sind und gerne in einem Leben eine Frau wären, würden Sie vielleicht gerne mehr Zeit mit Ihren Kindern verbringen und mehr in Kontakt mit Ihren Gefühlen kommen. Und wenn Sie sich wünschen, viel Geld zu haben, um ein sorgloses Leben führen zu können, ist das, womit Sie heute Ihr Geld verdienen, wahrscheinlich noch nicht Ihre Berufung.

Das, was Ihre Seele hier zum Ausdruck bringt, sind die Anlagen, die in Ihnen sind, aber noch zu wenig gelebt werden. Wenn Sie es schaffen, die fehlenden Teile zu integrieren, wird Ihr Leben um ein Vielfaches zufriedener, ausgeglichener und glücklicher sein.

Hier endet die Traumstunde – aber nur vorerst. Im nächsten Schritt dreht sich alles um die realen Dinge Ihres Lebens, die Sie glücklich machen.

Karriere-Navigator 7
Erkennen, was Sie glücklich macht

Die nächste Aufgabe ist ganz einfach – zumindest für manche von Ihnen. Anders als bei Ihren Interessen geht es hier nicht um die Dinge, die Sie interessieren, sondern um die Dinge, die Ihr Herz erwärmen, die Sie gerne tun, die Sie glücklich machen. Auch sie sind Ausdruck Ihrer Seele und damit ein weiterer Hinweis auf Ihre Berufung.

Wie viele Menschen kennen Sie, die sich regelmäßig selbst eine Freude machen und sich Gutes tun? Sei es in die Sauna, elegant essen oder im Wald spazieren gehen? Manche Menschen tun es vor allem deswegen nicht, weil sie sich nicht darüber im Klaren sind, was es ist, das sie wirklich glücklich macht und das ihnen gut tut. Nach dieser Übung brauchen Sie sich darüber vorerst keine Gedanken mehr zu machen. Dinge, die uns glücklich machen, sind wie die Lebensmotive dauerhaft und ändern sich, wenn überhaupt, nur sehr langsam. Das können so unspektakuläre Dinge sein, wie ein gutes Buch zu lesen, am Kaminfeuer zu sitzen, die Seele baumeln zu lassen, im Internet zu surfen oder ein 3000-Teile-Puzzle zu legen. Das können natürlich auch gewichtigere Themen sein, wie ehrenamtlich für eine Wohlfahrtorganisation tätig zu sein oder Menschen im Hospiz beim Sterben die Hand zu halten. Viele Eltern, Männer wie Frauen, nennen an dieser Stelle, entspannt Zeit mit ihren Kindern zu verbringen. Andere lieben es, allein bei Kerzenschein in der heißen Badewanne zu liegen oder zusammen mit ihren Freunden auszugehen.

Was ist es, das Sie wirklich glücklich macht? Listen Sie mindestens sieben verschiedene Tätigkeiten, Gelegenheiten oder Dinge auf. Es dürfen auch gerne mehr sein. Wichtig ist nur, dass sie Ihnen das bereits bekannte Lächeln ins Gesicht zaubern, wenn Sie daran denken.

Bitte sehen Sie sich Ihre Ergebnisse nun noch einmal genau an. Sind Sie ganz sicher, dass diese Sachen Ihnen wirklich Freude machen? Manchmal notieren meine Kunden Dinge, die sie früher mal glücklich machen konnten, inzwischen aber durch andere Themen überholt worden sind. Versetzen Sie sich bitte deshalb in jede der notierten Situationen hinein und stellen Sie sich vor, sie tatsächlich zu erleben. Wie ist Ihr Gefühl dabei? Ist es wundervoll? Macht es Sie wirklich glücklich? Wenn Sie mit dem Ergebnis zufrieden sind, beantworten Sie sich bitte folgende Frage: Wann haben Sie die jeweiligen Dinge zum letzten Mal getan? Falls es schon lange her ist, wann wollen Sie sich die Freude wieder machen? Sie glauben gar nicht, wie viele Menschen auf dieser Liste das Baden eingetragen und dabei seit Monaten keine Badewanne mehr von innen gesehen haben. Dieses Leben ist kurz, also worauf warten Sie noch?

Schauen Sie sich jetzt bitte Ihre »Glücklichmacher« noch einmal an und wählen aus Ihrem Gefühl heraus die drei aus, die Ihnen am meisten bedeuten – egal, wie schwer oder leicht sie umzusetzen sind. Diese drei markieren Sie bitte mit einem farbigen Stift und schreiben sie noch einmal auf.

Wieder haben Sie ein Puzzle-Teil zum Gesamtbild Ihrer Berufung hinzugefügt. Im nächsten Schritt dürfen Sie wieder träumen.

Karriere-Navigator 8
Ihr idealer Tag

Wenn ich meine Kunden frage, wie sie sich einen idealen Tag vorstellen, antworten die beruflich eingespannten meist mit Dingen wie Urlaub, Meer, Sonne und Entspannung. Diejenigen, die intensiv auf der Suche nach einem neuen Job oder sogar nach ihrer Berufung sind, antworten konkreter, also mit tatsächlichen idealen Arbeitgebern, mit den Dingen, die sie beruflich wirklich gerne tun würden, oder aber auch mit einer Fantasie, was sie tun würden, wenn alles möglich wäre.

Träume sind dazu da, Bilder unserer Seele, Botschaften des Unterbewusstseins an die Oberfläche zu bringen. Unser Unterbewusstsein produziert das, was im jeweiligen Moment das Bedeutsamste ist, und nicht das, was wir gerne sehen würden. Natürlich können Sie die Bilder einer Fantasiereise steuern, so wie es mit einiger Übung auch möglich ist, Träume zu steuern, was man als luzides Träumen bezeichnet. Es liegt also wieder ganz und gar in Ihrer Hand, wie Sie die folgende Traumreise angehen möchten. Idealerweise sind Sie wieder möglichst frei von Erwartungen und entspannt. Die nötige innere Ruhe dazu finden Sie am einfachsten, indem Sie Ihren Körper entspannen.

Für die unter Ihnen, die regelmäßig Entspannungsmethoden wie Yoga, Autogenes Training, Progressive Muskelentspannung oder Meditation anwenden, ist das ein Leichtes. Sollten Sie zu den Menschen gehören, die sich zwar immer wieder vornehmen, sich mit diesen Methoden zu beschäftigen, aber am Ende des Tages für Entspannung »zu müde sind«, können Sie sich vom nachfolgenden Text inspirieren lassen. Wenn es möglich ist, lassen Sie sich den Text zu leiser Musik, Klassik oder Meditationsmusik, von einem Menschen vorlesen, der Ihr volles Vertrauen hat. Dann können Sie sich wahrscheinlich am besten entspannen. Sollten Sie die Reise allein durchführen wollen oder müssen, versuchen Sie, Ihren Körper in einen Zustand zu bringen, in dem Sie sich ganz und gar wohlfühlen und den Alltag vergessen können. Lesen Sie vorher ein paar Mal den Text, der Sie durch die Übung führt. Wenn Sie dann in der Entspannung Teile davon nicht mehr im Kopf haben, ist das kein Problem, denn Ihr Unterbewusstsein hat das abgespeichert, was für Sie wichtig ist. Vertrauen Sie sich selbst!

Es gibt verschiedene Kanäle, durch die Menschen die Inhalte ihrer Reise wahrnehmen. Manche Menschen sehen keine inneren Bilder, sie hören eher Gespräche oder empfinden etwas, ohne klare Konturen erkennen zu können. Es ist vollkommen normal, dass jeder seinen eigenen bevorzugten Sinneskanal hat. Versuchen Sie also nicht, zu sehen, wenn Sie nichts sehen können, sondern nehmen Sie die Botschaften so, wie sie Sie erreichen. Manche Teilnehmer in meinen Seminaren schlafen bei dieser Fantasiereise ein oder erleben absolut nichts. Auch das macht nichts. Dann fehlt eben dieser Teil des Karriere-Navigator, es gibt ja noch genug andere. Aber Sie sollten Ihr Glück wenigstens versuchen!

Nachfolgend finden Sie zuerst einen Text, dessen erster Teil Ihnen helfen kann, in die Entspannung zu gleiten. Im zweiten Teil begleitet er sie durch einen Tag, der für Sie den idealen Tag darstellt. Der dritte Teil bringt Ihren Körper wieder sanft aus der Entspannung zurück und unterstützt Sie dabei, sich an die wichtigsten Einzelheiten aus Ihrer Traumreise zu erinnern. Da ich davon ausgehe, dass der Mensch Ihres Vertrauens Sie mit »Du« ansprechen wird, ist die nachfolgende Anleitung in dieser Form verfasst.

Setze oder lege dich nun in deine komfortabelste Lage, setze oder lege dich so, dass die Wirbelsäule eine gerade Linie bildet, damit die Energie fließen kann. Schließe deine Augen und atme dreimal tief ein und aus.

Erlaube, dass dein Körper mehr und mehr in Ruhe gleitet. Erlaube, dass er sich entspannt. Lasse deine Gedanken und Gefühle ruhig werden, lass sie wegtreiben, lasse sie los. Lass dein Bewusstsein glatt werden, glatt wie die Oberfläche eines Sees. (Pause)

Gleich wird vor deinem geistigen Auge ein Tag entstehen, ein Tag, an dem du glücklich, zufrieden und mit dir selbst im Reinen bist. Ein Tag, der für dich den Inbegriff eines idealen Tages darstellt. Vielleicht fühlst du diesen Tag mehr, als du ihn siehst, oder vielleicht hörst du Gespräche, das alles ist in Ordnung. (Pause)

Das Bild deines idealen Tages beginnt jetzt vor deinem geistigen Auge wie auf einem Bildschirm zu entstehen. Du siehst dich morgens in deinem Bett erwachen. Sieh dich in dem Raum um, ist es ein großer oder ein kleiner Raum? Welche Dinge und Farben umgeben dich? Bist du allein oder ist jemand bei dir? Lasse es entstehen, ich gebe dir Zeit. (Kurze Pause)

Du gehst jetzt aus deinem Schlafzimmer heraus. Bist du in einer Wohnung oder in einem Haus? Du sitzt am Frühstückstisch und siehst aus dem Fenster. Was siehst du? Wo ist deine Wohnung? Siehst du vielleicht die Skyline einer Stadt oder schaust du ins Grüne, siehst du andere Häuser oder vielleicht Gärten oder Wasser? (Kurze Pause)

Lass nun das Bild deines Vormittags vor deinem geistigen Auge entstehen. Was wirst du als Nächstes tun? Arbeitest du vielleicht in deinem eigenen Büro oder fährst du in die Stadt und betrittst deine Firma? Wie sieht das Gebäude aus, in dem du bist? Was siehst du, wo bist du und mit wem? (Kurze Pause)

Es ist Mittag, Zeit für eine Pause. Gehst du essen? Oder gehst du vielleicht durch einen Park spazieren? Was tust du, wo bist du und mit wem? (Kurze Pause)

Lass jetzt das Bild deines Nachmittags vor dir entstehen. Gehst du wieder ins Büro oder vielleicht ins Fitness-Studio? Vielleicht hast du einen wichtigen

Kundentermin oder du sprichst mit deinen Mitarbeitern. Wo bist du und mit wem? (Kurze Pause)

Es wird Abend, du bist wieder auf dem Weg nach Hause. Wie verbringst du den Abend? Gehst du aus oder bleibst du zu Hause und liest oder siehst fern oder hast du vielleicht Gäste zum Abendessen eingeladen? Wo bist du, was tust du und mit wem? (Kurze Pause)

Dein Tag ist nun zu Ende. Du gehst entspannt und glücklich in dein Schlafzimmer und legst dich voller Freude auf den neuen Tag wieder in dein Bett. Vielleicht ist jemand bei dir, dessen Wärme du fühlst, oder vielleicht liest du noch ein paar Seiten in einem Buch, das dich sehr interessiert. Jetzt schläfst du glücklich und zufrieden ein. (Pause)

Wenn du später langsam wieder in dein Wachbewusstsein zurückkehrst, wirst du dich an alle wichtigen Einzelheiten deines idealen Tages erinnern. (Kurze Pause)

Kehre langsam mit deiner Aufmerksamkeit zurück in den Raum. Fühle deinen Körper auf dem Stuhl sitzen oder am Boden liegen und spüre, wie deine Muskeln entspannt den Boden berühren. Richte deine Aufmerksamkeit nun wieder mehr auf deinen Körper. Atme etwas tiefer ein und aus und komme langsam zurück in die Gegenwart. Bewege vorsichtig deine Finger- und deine Zehenspitzen und atme tief ein und aus. Du fühlst dich ausgeruht und entspannt. Atme noch einmal tief ein und aus und öffne die Augen. Herzlich Willkommen!

Ich hoffe, Sie konnten es genießen! Bitte schreiben Sie jetzt zur Erinnerung die wichtigsten Stichpunkte Ihrer Vision auf.

Machen Sie sich bitte keine Gedanken darüber, wenn Ihr Partner oder Ihre Kinder in Ihrem idealen Tag nicht aufgetaucht sind. Das heißt keineswegs, dass sie in Ihrem Leben keine Bedeutung haben, sondern nur, dass Ihre Seele Ihnen Dinge gezeigt hat, die über das, was Sie bereits haben, hinausgehen.

Welche Elemente Ihres idealen Tages existieren bereits in Ihrem realen Leben? Bitte bringen Sie alles, was schon Teil Ihrer Welt ist, aufs Papier. Und nehmen Sie sich einen Augenblick, um Ihre Dankbarkeit für diese Geschenke, die das Leben Ihnen bereits gemacht hat, zu empfinden.

Was war in Ihrem idealen Tag, das Sie noch nicht in Ihrem Leben haben, das Ihnen aber so wichtig ist, dass Sie es gerne hätten? Bitte schreiben Sie die Dinge, die neu und wichtig für Sie sind, auf. Denken Sie daran, Ihr Unterbewusstsein verpackt Botschaften oft als Symbole. Das Haus am Meer kann tatsächlich einen lang gehegten Traum widerspiegeln, es kann aber auch für die Sehnsucht stehen, ein warmes Zuhause zu finden; einen Platz, an den Sie gehören.

Jeder erlebt diese Fantasiereise ein wenig anders. Wenn Sie möchten, erzählen Sie einem Freund oder Partner von Ihren Bildern und Gefühlen. (Die meisten meiner Kunden möchten unbedingt darüber reden. Viele haben als Kind das letzte Mal einen Tagtraum dieser Art erlebt und sprudeln förmlich über.) Machen Sie es so, wie es sich für Sie am besten anfühlt. Reden Sie darüber oder behalten Sie diese Erfahrung einfach für sich.

Bitte nehmen Sie jetzt einen farbigen Stift und markieren die drei Elemente Ihres idealen Tages, die Ihnen spontan als die wichtigsten erscheinen. Zum Beispiel das Haus am Meer, wenn es auch nach dem Realitätscheck noch da ist, das Großunternehmen, in das Sie morgens gegangen sind, oder die freie Zeiteinteilung, die Ihnen ein angenehmes Gefühl gegeben hat. Markieren Sie die drei Begriffe und notieren Sie sie anschließend in Ihren Unterlagen.

Jetzt haben Sie es fast geschafft. Leider ist die Zeit des Träumens vorbei, doch was jetzt kommt, ist für die meisten meiner Kunden besonders spannend. Folgen Sie mir zum nächsten Schritt des Karriere-Navigator, zur Betrachtung Ihrer Persönlichkeit!

Karriere-Navigator 9
Ihre Persönlichkeit

Es gibt wahrscheinlich so viele Möglichkeiten, um Persönlichkeit zu beschreiben, wie es Menschen auf der Welt gibt. Trotzdem fasziniert uns kaum etwas mehr, als uns selbst und die Welt in Kategorien einzuteilen. Das glauben Sie nicht? Haben Sie sich noch nie dabei ertappt, wie Sie sich – bewusst oder unbewusst – bei der Frage nach Ihrem Sternzeichen mit den Ihnen bekannten Eigenschaften identifizieren oder vehement davon abgrenzen wollten? Es ist erstaunlich, aber ganz gleich, welche tiefgründigen Übungen ich mit meinen Kunden auch mache, am spannendsten finden die meisten immer wieder die psychologischen Tests. Es liegt sicher in der Natur des Menschen, in Kategorien zu denken. Je bewusster man sich dessen allerdings ist, desto weniger tappt man in die »Ach, du bist ein Löwe, kein Wunder, dass du so gerne im Mittelpunkt stehst«-Falle. Auch auf dem Weg zu Ihrer Berufung kann eine zumindest grobe Zuordnung Ihrer Persönlichkeit durchaus von Vorteil sein und einen weiteren Informationsgewinn darstellen. Die Möglichkeiten hierfür sind vielfältig: Vielleicht haben Sie schon einmal vom Enneagramm, von den vier Temperamenten der alten Griechen, dem Medizinrad der Indianer oder der Typenlehre nach Kretschmer gehört. Es würde den Rahmen dieses Buches sprengen, wenn ich Ihnen die heute führenden Persönlichkeitstypologien aufzählen, geschweige denn herleiten würde. Alle haben aber gemeinsam, dass sie versuchen, menschliches Verhalten zu beschreiben, zu verstehen und in gewisser Weise vorauszusagen. Das möchte auch die nachfolgende Methode, die in ihren Ansätzen auf die Typologie C. G. Jungs zurückgeht. Für die folgende Übung gilt wie für alle anderen auch: Nehmen Sie sie spielerisch und suchen Sie sich das heraus, womit Sie am meisten anfangen können. Dieser Schritt des Karriere-Navigator ist wieder nur ein Baustein von vielen.

Bitte wählen Sie aus der folgenden Aufzählung die Aussagen aus, die häufig oder grundsätzlich auf Sie zutreffen. Wenn Sie wollen, stellen Sie sich bei jeder Aussage kurz eine passende Situation vor, dann geht es leichter.

Ich arbeite gerne eng mit anderen zusammen.	D	
Ich bin gerne für andere da.	D	
Ich fange lieber neue Projekte an, als sie dauerhaft durchzuführen.	C	
Ich fühle mich oft wie der Fels in der Brandung.	B	
Wenn ein Mensch ohne Struktur arbeitet, macht mich das nervös.	B	
Ich arbeite gerne systematisch.	B	
Ich kann mich gut in andere einfühlen.	D	
Ich habe oft Schuldgefühle.	D	
Ich halte mich für einen flexiblen Menschen.	C	
Ich kann es schwer aushalten, wenn mir langweilig ist.	C	
Ich bin in der Schule gut zurechtgekommen.	A	
Ich kümmere mich oft um andere.	D	
Manchmal werfen mir andere vor, dass ich zu viel kritisiere.	B	

Ich habe wenig Interesse an Theorien, das Praktische ist mir wichtiger.	C	
Wenn es jemandem nicht gut geht, beziehe ich das häufig auf mich.	D	
Ich habe viele Ideen und bin eher spontan.	C	
Ich kann gut planen.	A	
Ich kann Situationen und oft auch Menschen gut analysieren.	A	
Ich lerne am besten, wenn ich etwas selbst tun kann.	C	
Ich möchte, dass es allen in meiner Nähe gut geht.	D	
Ich probiere sehr gerne Neues aus.	C	
Ich trage gerne Verantwortung.	B	
Ich übernehme die Führung, wenn es nötig ist.	B	
Ich versuche, möglichst immer kompetent zu sein.	A	
Konflikte versuche ich meistens zu vermeiden.	D	
Ich muss immer etwas zu tun haben.	B	
Ich kann es nicht ausstehen, wenn Menschen inkompetent sind.	A	
Ich neige dazu, Situationen nach dem »Warum« zu hinterfragen.	A	
Ich kann komplex und theoretisch denken.	A	
Manchmal werfen mir andere vor, ich würde zu kompliziert antworten.	A	
Oft fällt es mir schwer, Dinge zu beenden.	C	
Wenn jemand einen Fehler gemacht hat, verlange ich eine Erklärung.	B	

Jeder Aussage ist ein Buchstabe von A bis D zugeordnet, der einem Persönlichkeitstyp entspricht. Bitte zählen Sie die Häufigkeit Ihrer Zustimmung für die einzelnen Typen zusammen. Welchen Aussagen haben Sie am meisten zugestimmt? Wenn Sie sich bei mehreren Typen angesprochen fühlten, können Sie die nachfolgenden Beschreibungen nutzen, um sich möglicherweise noch besser einordnen zu können. Doch bitte denken Sie daran, es geht hierbei nicht um die richtige oder falsche Persönlichkeit, entscheidend ist der weitere Informationsgewinn auf dem Weg zu Ihrer Berufung.

A Der Denker-Typ: Wenn Sie hier den meisten Aussagen zustimmen konnten, sind Sie wahrscheinlich ein Mensch, der kniffelige Aufgaben liebt und sich in eine Sache ganz hineindenken kann, wenngleich Sie lieber das Gesamtbild im Auge haben, als sich in die einzelnen Details zu versenken. Ihre Entscheidungen sind fest, fair und verlässlich und Sie setzen sie konsequent um. Denker-Typen sind oft Menschen mit herausragenden Kenntnissen auf ihrem Sachgebiet und daher häufig Wissenschaftler, Professoren, Erfinder, Ärzte oder Manager. Dem Denker-Typ fällt es schwer, sich in andere Menschen hineinzuversetzen und mit Menschen umzugehen, die er für inkompetent hält. Deshalb erweckt er manchmal den Eindruck eines arroganten Besserwissers.

B Der Arbeiter-Typ: Wenn Sie hier den meisten Aussagen zugestimmt haben, gehören Sie zu den Menschen, die gerne systematisch, gründlich und ausdauernd arbeiten. Wenn Sie in Ihrer Jugend Sportler waren, dann wahrscheinlich Leistungssportler, wobei es Ihnen leichtgefallen ist, Ihren Trainingsplan einzuhalten. Sie übernehmen die Führung nur, wenn Sie das Gefühl haben, dass es sonst kein anderer tun wird. Sie arbeiten gerne allein oder aber in einem Team mit Menschen, die ähnlich arbeiten wie Sie. Es fällt Ihnen schwer, zu verstehen, wenn Kollegen den ganzen Tag in der Kaffeeküche stehen, statt ihre Aufgaben zu erledigen. Dass Sie Ihre Hände in den Schoß legen, kommt sehr selten vor, deshalb gehören Sie von den vier Typen zu den am meisten gefährdeten, wenn es um das Thema Burn-out geht. Mögliche Berufe für einen Arbeiter-Typ sind Polizist, Banker, Lehrer, Controller und alle Berufe, die mit Verwaltung zu tun haben. Sie können auch als Manager tätig sein, aber nicht weil Sie unbedingt die Führung wollen, sondern weil Sie dann noch besser arbeiten können.

C Der Spieler-Typ: Wenn Sie hier den meisten Aussagen zugestimmt haben, sind Sie wahrscheinlich am liebsten in Aktion. Im Gegensatz zum Arbeiter-Typ muss bei Ihnen nicht alles einen Sinn haben und dem Ganzen dienen. Es macht Ihnen einfach Spaß, spontan einer Stimmung nachzugeben und Ihren Impulsen zu folgen. Sie bringen frischen Wind in alte Strukturen und gehen gerne neue Projekte an. Manchmal fällt es Ihnen allerdings schwer, Dinge, die Sie angefangen haben, auch zu Ende zu bringen, wofür Ihre Kollegen oder Mitmenschen nicht immer Verständnis aufbringen können. Spieler-Typen sind häufig in Berufen wie Künstler, Musiker oder Vermittler zu finden. Als Troubleshooter laufen Sie zu Höchstform auf, Hauptsache, Sie können bald zur nächsten Herausforderung übergehen.

D Der Fühler-Typ: Wenn Sie hier den meisten Aussagen zugestimmt haben, haben Sie sich wahrscheinlich schon oft in Ihrem Leben die Frage gestellt, wer Sie wirklich sind. Sie sind beliebt bei Ihren Kollegen und Mitmenschen, weil Sie sich gerne – zum Teil aufopferungsvoll – um andere kümmern. Im Team sorgen Sie für ein gutes Arbeitsklima und versuchen dabei, Konflikten, wenn möglich, aus dem Weg zu gehen. Wenn es anderen Menschen nicht gut geht, beziehen Sie das häufig auf sich selbst, vor allem innerhalb Ihrer Familie führt das sehr oft zu Schuldgefühlen, die Sie dann dazu bringen, sich noch mehr für andere einzusetzen. Auch Sie sind gefährdet, auszubrennen und sich zu erschöpfen, anders als der Arbeiter-Typ aber nicht bei Ihrem Einsatz für eine Sache, sondern eher bei Ihrer Sorge um andere Menschen. Häufige Berufe des Fühler-Typs sind daher auch Sozialarbeiter, Therapeut, Krankenschwester und Lehrer.

Natürlich reichen diese vier Kategorien nicht aus, um alle Menschen zu beschreiben, dennoch fällt es vielen erstaunlich leicht, sich in dem einen oder anderen Typ wiederzuerkennen. Eine weitere Möglichkeit, Ihre Persönlichkeit zu beleuchten, ist die Einteilung in die Kategorien Extraversion (Außenorientierung) und Introversion (Innenorientierung). Bitte entscheiden Sie sich bei den nachfolgenden Aussagenpaaren *spontan* jeweils für die, die am ehesten auf Sie zutrifft.

aktiv	reflektierend
nach außen	nach innen
viele Menschen	Privatsphäre
reden	zuhören
Weite	Tiefe
Party	Kultur
viele Freunde	wenige Freunde
lebhaft	ruhig
öffentlich	privat
sprechen	schreiben
offen	verschlossen

Wo haben Sie die meisten Begriffe gefunden, die auf Sie zutreffen? Extra- oder Introversion beschreibt laut C. G. Jung, woher Sie Ihre Lebensenergie beziehen. Der Unterschied wird am leichtesten am Beispiel einer Party deutlich. Ein extravertierter Mensch geht drei Stunden auf eine Party, amüsiert sich, spricht mit vielen Menschen und fühlt sich danach aufgetankt, als könnte er Bäume ausreißen, und am liebsten möchte er nicht nach Hause, sondern zur nächsten Party gehen. Ein introvertierter Mensch geht auf die gleiche Party, spricht mit den gleichen Menschen, hat ebenfalls Spaß, fühlt sich aber nach drei Stunden vollkommen erschöpft, weil ihn der Abend angestrengt hat. Er wünscht sich nichts mehr, als nach Hause in sein Bett zu kommen und niemanden mehr sehen zu müssen. Erkennen Sie sich wieder?

Was hat das nun mit Ihrer Berufung zu tun? Ein Mensch, der seine Lebensenergie daraus bezieht, mit anderen zusammen zu sein und viel »außen« zu erleben, ist seiner Berufung im Vertrieb höchstwahrscheinlich näher, als er das als Schriftsteller wäre, es sei denn, er sucht seine Inspiration nicht nur in den Tiefen seiner eigenen Fantasie, sondern vor allem draußen im Leben. Jemand, der lieber viel allein ist und in die Tiefe geht, wird sich wahrscheinlich als Psychologe energiegeladener fühlen, als wenn er als Trainer in einem Fitness-Club arbeiten würde.

Beispiel: Jörg hat sich vor einiger Zeit als Unternehmensberater selbstständig gemacht und seitdem bisher allein in seinem Home-Office gearbeitet. Er ist ins Coaching gekommen, weil der gewünschte Erfolg ausblieb und er sich nicht mehr sicher war, ob die Entscheidung zur Selbstständigkeit und der Inhalt seiner Tätigkeit wirklich seiner Persönlichkeit entsprechen. Nachdem beim Persönlichkeitsprofil deutlich wurde, dass er zwar als »Denker« (Typ A) inhaltlich auf dem richtigen Weg, aber dabei gleichzeitig ein ausgeprägt extravertierter Mensch ist, wurde klar, warum er beim Arbeiten zu Hause jeden Tag unglücklicher und unzufriedener wurde. Ihm fehlte die Kommunikation, aus der ein extravertierter Mensch seine Energie bezieht. Seit Jörg seinen Arbeitsmittelpunkt in eine Bürogemeinschaft verlegt hat, ist er wieder motiviert, ausgeglichen und erfolgreich.

Je nachdem, wo Sie sich selbst eher einordnen würden, das Wichtigste an der Information, ob Sie ein eher extra- oder introvertierter Mensch sind, ist, dass Sie sich Ihre Lebens- und Arbeitsumstände so gestalten, dass Sie daraus Energie beziehen. Der Weg, auf dem Sie mehr Energie fühlen, ist der richtige.

Wenn Sie sich noch weiter mit diesen Themen beschäftigen möchten, empfehle ich Ihnen eine Auseinandersetzung mit dem Myers-Briggs-Typenindikator, der insgesamt 16 verschiedene Verhaltensprofile beschreibt und Ihnen ein besseres Verständnis von sich selbst und Ihrer Umwelt geben kann. Literaturangaben dazu finden Sie im hinteren Teil dieses Buches.

Bitte betrachten Sie nun noch einmal die Persönlichkeitstypen und die Beschreibungen zur Extra- beziehungsweise Introversion und markieren Sie mit einem farbigen Stift insgesamt drei Begriffe, die Sie bei den für Sie zutreffenden Typen am meisten ansprechen, die Sie am liebsten tun oder mögen. Bei Jörg waren das die drei Begriffe »kompetent«, »reden« und »Menschen«. Markieren Sie Ihre eigenen drei Begriffe wie auch bisher möglichst spontan und notieren Sie sie auf einem separaten Blatt.

Wieder sind Sie einen Schritt weiter. Gönnen Sie sich doch zur Belohnung einen netten Abend in einer anregenden extravaganten Umgebung oder entspannen Sie sich bei einem guten Buch oder einem tollen Video auf der Couch. Im nächsten Schritt beschäftigen Sie sich mit den Dingen, die Sie am liebsten tun.

Karriere-Navigator 10
Fünf Lieblingstätigkeiten

Die meisten meiner Kunden schreiben in den Fragebogen, den sie zur Vorbereitung des Karriere-Navigator ausfüllen, dass sie sich im Coaching eine Analyse ihrer Stärken und Schwächen wünschen. Diese Erwartung muss ich regelmäßig enttäuschen. Ich bin der festen Überzeugung, dass es keine Schwächen gibt. Es gibt nur Fähigkeiten, die man mehr oder weniger in die Wiege gelegt bekommen hat. Viele Menschen versuchen, auf Gebieten erfolgreich zu sein, die ihnen und ihren Anlagen nicht entsprechen.

Wenn man gegen seine Anlagen lebt und versucht, seine »Schwächen« zu bekämpfen, ist das sehr schwer, kostet Energie und macht nicht glücklich. Deshalb kümmere ich mich auch nicht um diese Schwächen, sondern konzentriere mich auf die »Stärken«. Wenn man seinen Anlagen und Begabungen entsprechend lebt, das heißt, sie in seinem Leben und Arbeiten zum Ausdruck bringt, tauchen die »Schwächen« häufig gar nicht auf. Und wenn doch, dann so selten, dass man entspannt damit umgehen kann.

Beispiel: Franziska ist Immobilienmaklerin. Sie liebt es, die passenden Objekte für die unterschiedlichsten Bedürfnisse zu finden, und ist fasziniert davon, immer wieder mit neuen Menschen zusammenzutreffen. Sie arbeitet selbstständig und teilt sich ihre Zeit frei ein. Schwierig wäre es für sie, in einem Büro mit strenger Hierarchie und Ordnung zurechtzukommen. Würden Sie deshalb sagen, dass das eine Schwäche ist?

Peter ist Finanzbeamter. Er liebt es, gründlich und systematisch seine Akten zu bearbeiten und dann an den nächsten Beamten weiterzuleiten. Er mag besonders die Regelmäßigkeit seiner Arbeit. An täglich wechselnden Kontakten hätte er keinen Spaß. Halten Sie das für eine Schwäche?

Es geht nicht darum, alles zu können, sondern nur darum, das zu finden, was für Sie selbst das Richtige ist. Und deshalb sind Sie jetzt wieder an der Reihe.

Bitte markieren Sie mit einem farbigen Stift in der folgenden Liste die Tätigkeiten oder Dinge, die Sie gerne tun beziehungsweise gerne mögen. Also solche Dinge, die Sie freiwillig tun (würden), weil sie Ihnen Spaß machen. Bitte denken Sie dabei auch an die Dinge, die gar nichts mit Ihrem Job zu tun haben, wie zum Beispiel Kochen, falls Sie für Ihr Leben gerne Freunde zum Essen einladen, oder Restaurieren, wenn Sie gerne am Abend an alten Möbeln herumwerkeln. Wenn Sie beim Begriff »Einkaufen« beispielsweise daran denken, dass Sie gerne Shoppen gehen und Kleidung kaufen, aber keinen Spaß am Einkaufen von Lebensmitteln haben, ergänzen Sie den Begriff »Einkaufen« um das Wort »Kleidung« und vergessen Sie die Lebensmittel. Oder wenn Sie im Beruf gerne argumentieren und mit anderen diskutieren, privat aber lieber alles harmonisch mögen, wählen Sie »Argumentieren« und ergänzen es durch »beruflich«. Wählen Sie so viele Begriffe aus, wie Sie möchten, Hauptsache, Sie tun das, was Sie auswählen, wirklich von Herzen gerne. Falls Ihnen etwas einfällt, das Ihnen auch noch besonders viel Freude macht und noch auf dieser Liste fehlt, ergänzen Sie es bitte.

Abschätzen	Analysieren	Argumentieren
Ausbilden	Ausstellen	Auswählen
Bauen	Beaufsichtigen	Befragen
Behandeln	Beraten	Bereitstellen
Bestimmen	Bewirten	Darstellen
Einfühlen	Einkaufen	Einrichten
Entscheiden	Entwerfen	Entwickeln
Erfinden	Fahren	Forschen
Fördern	Gründen	Handarbeiten
Heilen	Helfen	Herstellen
Illustrieren	Installieren	Intuitiv sein
Kalkulieren	Klassifizieren	Kochen
Korrektur lesen	Kreativ sein	Künstlerisch darstellen
Lehren	Lesen	Liefern
Malen	Managen	Moderieren
Motivieren	Musizieren	Organisieren
Pflanzen	Planen	Präsentieren
Programmieren	Reisen	Reparieren
Repräsentieren	Restaurieren	Sammeln
Schreiben	Spielen	Sprechen
Technik	Tiere	Veranstalten
Verhandeln	Verkaufen	Vermitteln
Verschönern	Verwalten	Wirtschaften
Zeichnen	Zuhören	

Von diesen ausgewählten Tätigkeiten suchen Sie jetzt im nächsten Schritt bitte die aus, die Sie gut oder sehr gut können, und markieren sie mit einer neuen Farbe. Es gibt immer jemanden, der etwas noch besser kann, also widerstehen Sie der Versuchung, hier zu wenig auszuwählen. Es geht nicht um den Vergleich mit anderen, nur Sie selbst sind Ihr Maßstab. Seien Sie großzügig und schicken Sie Ihren inneren Kritiker vorübergehend auf den Balkon.

Bitte schreiben Sie jetzt alle markierten Begriffe noch einmal separat auf, also die Tätigkeiten, die Ihnen Spaß machen und die Sie gut können, damit Sie sie alle auf einen Blick haben.

Ob Sie es glauben oder nicht, aber das sind Ihre größten Stärken! Meine Kunden sind an dieser Stelle meistens sehr verblüfft, denn selten sind es die Dinge, die sie selbst als Stärken genannt hätten. Zum Glück gibt es diesen kleinen Trick!

Wenn Sie sehr viele Tätigkeiten oder besser Stärken auf diese Weise identifiziert haben, versuchen Sie, sie in sinnvollen Kategorien zusammenzufassen und sie mit Oberbegriffen zu versehen. Falls Sie sich noch einmal auf eine neue Position bewerben möchten, haben Sie mit dieser Methode auf Anhieb eine Antwort auf die Frage: »Was würden Sie als Ihre größten Stärken beschreiben?«, die über die üblichen Antworten an dieser Stelle hinausgeht. Wenn Sie wollen, können Sie dazu die gefundenen Tätigkeiten noch genauer spezifizieren. Hinter der einfach klingenden Stärke »Kochen« steht unter anderem die Fähigkeit zur Projektplanung (Bedarfs-, Einkaufs- und Zeitplanung). Wenn Sie es schaffen, ein Drei-Gänge-Menü pünktlich auf den Tisch zu bringen, können Sie mehr als nur gut kochen. Gehen Sie Ihre Lieblingstätigkeiten noch einmal durch und probieren Sie es aus – die Personaler werden beeindruckt sein!

Falls Sie mehr als fünf Tätigkeiten oder Begriffe als Ihre Stärken identifiziert haben (was ich sehr hoffe!), schauen Sie sich diese bitte noch einmal genau an und lassen sie auf sich wirken. Wählen Sie nun die fünf aus, bei denen Sie das angenehmste Gefühl bekommen, die Sie am meisten ansprechen oder die Sie am allerliebsten haben. (Das müssen nicht unbedingt die sein, die Sie bereits am besten können.) Auch wenn ich mich wiederhole, aber suchen Sie bitte unbedingt nach Ihrem Gefühl aus und schreiben Sie nur die Dinge auf, die Sie wirklich große Klasse finden.

Schauen Sie sich bitte noch kurz die Begriffe an, die Sie ausgewählt haben, weil Sie sie gerne mögen, in denen Sie aber noch nicht besonders gut sind. Auch diese Begriffe sollten Sie sich auf ein extra Blatt schreiben, denn das ist Ihr Entwicklungspotenzial. Diese Dinge können Sie in eine Schublade legen und herausholen, wenn Sie etwas in Ihrem Leben verändern möchten, etwas Neues dazulernen oder etwas Altes wiederbeleben wollen. Viele meiner Kunden haben hier das Musizieren oder Singen stehen. Meine Nachbarin hat mit 55 Jahren angefangen, Klavier spielen zu lernen. Einer meiner Kunden hat etwa im gleichen Alter eine Weiterbildung in ayurvedischer Massage gemacht und arbeitet jetzt nebenbei als Masseur.

Vergessen Sie den Spruch: »Was Hänschen nicht lernt, lernt Hans nimmer mehr.« Es ist nie zu spät!

Jetzt wenden Sie sich ausnahmsweise einmal den Dingen zu, die Sie nicht gerne tun oder schlimmstenfalls fürchterlich finden. Bitte markieren Sie auf der folgenden Liste, die dieselben Begriffe enthält wie die vorige, all das, was Sie nicht mögen – unabhängig davon, ob Sie es können oder nicht. Denken Sie auch an Dinge, die Sie früher einmal tun mussten oder vielleicht sogar heute in Ihrem aktuellen Job tun, zu denen Sie sich aber jedes Mal erst durchringen müssen.

	Abschätzen	Analysieren	Argumentieren
	Ausbilden	Ausstellen	Auswählen
	Bauen	Beaufsichtigen	Befragen
	Behandeln	Beraten	Bereitstellen
	Bestimmen	Bewirten	Darstellen
	Einfühlen	Einkaufen	Einrichten
	Entscheiden	Entwerfen	Entwickeln
	Erfinden	Fahren	Forschen
	Fördern	Gründen	Handarbeiten
	Heilen	Helfen	Herstellen
	Illustrieren	Installieren	Intuitiv sein
	Kalkulieren	Klassifizieren	Kochen
	Korrektur lesen	Kreativ sein	Künstlerisch darstellen
	Lehren	Lesen	Liefern
	Malen	Managen	Moderieren
	Motivieren	Musizieren	Organisieren
	Pflanzen	Planen	Präsentieren
	Programmieren	Reisen	Reparieren
	Repräsentieren	Restaurieren	Sammeln
	Schreiben	Spielen	Sprechen
	Technik	Tiere	Veranstalten
	Verhandeln	Verkaufen	Vermitteln
	Verschönern	Verwalten	Wirtschaften
	Zeichnen	Zuhören	

Aus dieser Liste wählen Sie im nächsten Schritt die Dinge aus, die Sie zwar nicht mögen, aber trotzdem gut können, und markieren sie mit einer anderen Farbe. Das ist ein wichtiger Schritt, seien Sie also bitte ehrlich mit sich. Und denken Sie daran, dass Sie selbst entscheiden, ob Sie etwas gut können oder nicht. Listen Sie diese Tätigkeiten bitte wieder auf.

Das sind die Dinge, die Sie – wenn irgendwie möglich – *nie wieder tun sollten*! Weder privat noch beruflich. Das sind die Dinge, die Sie unglücklich machen, weil sie Ihren Anlagen, Ihrer wahren Natur widersprechen. Wer dauerhaft Dinge tut, die seiner Persönlichkeit widersprechen, wird nicht nur unglücklich, sondern oft auch krank. Ihre Seele zeigt Ihnen so, dass Sie auf dem falschen Weg sind.

Bei dem Teil meiner Kunden, der beruflich sehr unzufrieden ist, ist diese Liste voller Tätigkeiten, die im jeweiligen Berufsleben im Vordergrund stehen. Da hilft nur ein radikaler Kurswechsel. Aber nicht immer ist es so extrem. Möglicherweise haben Sie auf Ihrer Liste zum Beispiel »Verwalten« stehen. Sie konnten oder mochten es noch nie, Akten systematisch abzulegen, Dinge zu kategorisieren oder Ihre Steuererklärung zu machen. Dann sprechen Sie sich im Büro mit einem Kollegen ab oder delegieren Sie solche Aufgaben, wenn möglich, an eine Sekretärin. Sie müssen nicht alles selber machen. Für Ihre privaten Unterlagen können Sie einen Steuerberater engagieren. Das Wichtigste an der Liste mit Ihren »Unlieblingstätigkeiten« ist, dass Sie sich bewusst sind, von welchen Dingen Sie möglichst die Finger lassen sollten. Schließlich soll es Ihnen gut gehen – und Ihr Steuerberater will ja auch leben.

Die Tätigkeiten, die jetzt noch übrig sind, also die Dinge, die Sie nicht gern tun und auch nicht gut können, bezeichnet man üblicherweise als Schwächen. Aber etwas zu lernen, das Ihnen, Ihren Anlagen und Ihrer Seele nicht entspricht, bringt kaum etwas Gutes. Lassen Sie sich nicht länger einreden, dass man dieses oder jenes unbedingt können sollte. Nutzen Sie Ihre Energie lieber, um Ihre Stärken zu leben und, wenn Sie wollen, noch zu optimieren. Das sind die Tätigkeiten, die Sie in den *Flow* bringen, einen Zustand vollkommener Selbstvergessenheit. Damit können Sie sich selbst glücklich machen.

Den größten Teil der »Instrumente«, die Sie für Ihre neue Kursbestimmung brauchen, haben Sie sich bereits erschlossen. Ich gratuliere Ihnen, wenn Sie es bis hierher geschafft haben! Wenn es Ihnen so geht wie den meisten meiner Kunden, haben Sie sich wahrscheinlich noch nie von so vielen Seiten selbst betrachtet. Aber Sie sind noch nicht am Ende, zwei weitere Schritte liegen noch vor Ihnen.

Karriere-Navigator 11
Drei mögliche Berufsbilder

Kennen Sie die Regeln für ein Brainstorming? Das ist eine Methode zum Sammeln von möglichst vielen Ideen, Gedanken und Anregungen. Ein Einfall hilft dem nächsten auf die Sprünge und so tauchen – wenn Sie die Regeln befolgen – immer wieder neue Ideen auf. Viele von Ihnen sind sicher schon beruflich oder privat damit konfrontiert worden, doch für manche Menschen ist es sehr ungewohnt, die üblichen Denkmuster zu überwinden und so viele verrückte Ideen und Gedanken wie möglich zu produzieren. Ein Brainstorming sollte am besten nicht länger als 30 Minuten dauern. Erfahrungsgemäß entstehen die guten Ideen nach einer Anlaufzeit von fünf bis zehn Minuten.

Und so geht's: Sie laden zwei bis drei Personen ein, die Sie kennen und mögen, mit denen Sie aber nicht eng befreundet sind. (Enge Freunde sind manchmal zu voreingenommen, es funktioniert einfach besser mit Bekannten und natürlich schadet es nicht, wenn Sie ein Gläschen Sekt dazu reichen. Aber wenn Sie »nur« gute Freunde haben, geht es natürlich auch mit denen.) Schreiben Sie Ihre fünf Lieblingstätigkeiten beziehungsweise Begriffe aus der letzten Übung auf ein möglichst großes Blatt (mindestens DIN A3 oder besser noch auf ein Flip-Chart, wenn Sie eines zur Verfügung haben) und hängen es für alle gut sichtbar auf. Erklären Sie sicherheitshalber noch einmal die Brainstorming-Regeln und wählen Sie eine Person aus der Gruppe, die alle Ideen, die genannt werden, kommentarlos mitschreibt.

Die wichtigsten Regeln beim Brainstorming sind:
- Alle Ideen werden spontan ausgesprochen.
- Alle Ideen werden aufgeschrieben.
- Die Ideen dürfen ruhig unrealistisch oder schräg sein.
- Je mehr Ideen, desto besser.
- Und das Wichtigste: Kritik oder Bewertung der Antworten ist absolut verboten!

Erinnern Sie sich an dieser Stelle noch einmal an die Disney-Technik (Karriere-Navigator 6). Beim Brainstorming bewegen Sie sich wieder *nur* auf der kreativen Ebene; bewertet wird später.

Die Frage, die Sie Ihren Bekannten und sich selbst beim Brainstorming dann stellen, ist: Welchen Beruf könnte ein Mensch mit Ihren fünf Lieblingstätigkeiten ausüben? Bitte hören Sie erst auf, wenn Sie mindestens 20 – besser mehr – Berufsbilder gesammelt haben beziehungsweise zwei Seiten vollgeschrieben sind. Das folgende Beispiel können Sie wieder als Anregung nehmen.

Beispiel: Tobias hat diese fünf Lieblingstätigkeiten ausgewählt:
- Kommunizieren
- Motivieren
- Bestimmen
- Erfinden
- Intuition haben

Das Brainstorming für mögliche Berufsbilder brachte folgende Ergebnisse: Manager • Lehrer • Wissenschaftler • Erfinder • Techniker • Coach • Trainer • Ausbilder • Politiker • Redner • mit Menschen arbeiten • in einer Beratungsstelle • Trend-Scout • Unternehmensgründer • Berater Unternehmensberater • Verkäufer • Eventmanager • Organisationsentwickler • Gutes tun • Medium • Mediator • Vermittler • Schriftsteller • Verleger • Verkäufer • Topmanager

Wenn Ihnen die Ideen ausgehen, konzentrieren Sie sich auf einen oder zwei der Begriffe und stellen Sie sich die Frage erneut. Schreiben Sie auch hier wieder alle Ideen auf, die genannt werden. Je mehr es werden, desto besser. Haben Sie zwei Seiten voll? Sind Sie der Meinung, dass es reicht? Dann hören Sie auf, legen Sie die Seiten mit den gefundenen Berufen in die Schublade – und genießen Sie einen entspannten Abend mit Ihren Bekannten.

Es ist wichtig, dass Sie mindestens eine Nacht darüber schlafen. Schließlich geht es hier um Ihr Leben! Frühestens am nächsten Tag nehmen Sie die Liste mit den möglichen Berufen also wieder zur Hand. Ihr Verstand darf Ihnen an dieser Stelle schon ein wenig über die Schulter sehen, bitte entscheiden Sie aber trotzdem – wie auch bisher – vor allem nach Ihrem Gefühl. Wählen Sie nun aus den vielen Ideen wieder drei aus, die Sie am meisten ansprechen. Das können Berufsbeschreibungen sein oder auch Kombinationen aus mehreren Begriffen.

Beispiel: Tobias hat sich für die Begriffe »Unternehmensgründer«, »Unternehmens-/Organisationsberater« und »Trend-Scout« (in Kombination mit »mit Menschen arbeiten«) entschieden.

Bitte entscheiden Sie jetzt für sich, welche Berufe und Kombinationen Sie aus dem Gefühl heraus am meisten ansprechen, und notieren Sie sie. Was bringt ein Lächeln auf Ihr Gesicht? Und nun bringen Sie die drei bitte in eine Rangfolge, das heißt, welchen Sie am liebsten, am zweit- und am drittliebsten hätten. Noch immer ist Ihr Verstand nur Zaungast, der Realitätscheck folgt erst später.

Die wichtigsten Schritte auf dem Weg zu Ihrer Berufung haben Sie jetzt getan. Bleibt noch das Zusammenfügen der einzelnen Puzzleteile zu einem Gesamtbild.

Karriere-Navigator 12
Das Gesamtbild

Erinnern Sie sich noch an die Einführung in den Karriere-Navigator? »Dann spüren Sie, wie etwas in Ihnen wieder zum Leben erwacht. Erst schemenhaft und dann immer deutlicher zeichnet es sich vor dem inzwischen tiefen Blau des Meeres ab. Es ist ein Teil von Ihnen, dem Sie jetzt das Steuer übergeben. Der Teil von Ihnen, der bereits weiß, wohin Ihre Reise führt. Es gibt kein Zurück mehr – Sie machen sich auf den Weg. *Ihre Zukunft.*«

Nun ist es so weit: Sie führen alle gesammelten Informationen zu einem Gesamtbild zusammen, damit Sie das Ruder Ihres Lebens wieder in die Hand nehmen können. Viele Dinge sind Ihnen wahrscheinlich im Verlauf der letzten elf Schritte bereits bewusst geworden. Zum Teil wissen Sie möglicherweise noch nicht genau, was Sie mit den neuen Informationen oder Ihren Erinnerungen anfangen sollen. Aber auf jeden Fall haben Sie so viele Informationen über sich selbst, Ihr Leben und Ihre Träume zusammengetragen wie vermutlich noch nie zuvor in Ihrem bisherigen Leben.

Ich gratuliere Ihnen! Die wichtigsten Schritte haben Sie bereits getan. Sie haben die Übungen bis zu dieser Stelle mitgemacht und auf die meisten Fragen, die ich Ihnen und die Sie selbst sich gestellt haben, eine Antwort gefunden. Sie haben die goldenen Drei markiert, selbst dort, wo es Ihnen schwergefallen ist. Falls Sie an irgendeiner Stelle noch nicht ganz zufrieden sind oder es Ihnen unmöglich schien, sich für drei Begriffe zu entscheiden – lesen Sie noch nicht weiter, sondern blättern Sie bitte in Ihren Unterlagen zurück und sehen sich die betreffende Aufgabe noch einmal an. Manchmal geht es im zweiten Anlauf leichter.

Sie haben sich Ihre Vergangenheit angesehen (Ihr Weg bisher und Ihre Kindheitserinnerungen), sich mit Ihrer Gegenwart auseinandergesetzt (Lebensmotive, Interessen, was Sie glücklich macht, Ihre Persönlichkeit und Ihre Lieblingstätigkeiten) und haben zum Teil in Ihrer Fantasie bereits in eine mögliche Zukunft geschaut (Drei Wünsche, Fünf Leben, Idealer Tag, Drei mögliche Berufsbilder). Das meiste haben Sie bereits geschafft! Es liegt jetzt an Ihnen, wie es weitergeht. Vielleicht möchten Sie an dieser Stelle aufhören und alles, was Ihnen bisher klar geworden ist, in Ruhe betrachten, verarbeiten und sich besinnen. Wenn das so ist, legen Sie das Buch am besten an dieser Stelle zur Seite und nehmen es erst wieder auf, wenn Sie sich danach fühlen. Vielleicht können Sie es aber auch kaum erwarten, den nächsten Schritt zu gehen. Wenn das der Fall ist, dann kann ich Sie beruhigen: Es geht gleich weiter. Aber wichtig ist, dass Sie nur weitermachen, weiterlesen, wenn Sie das Gefühl haben, dass Sie *wirklich* wissen wollen, welches Ihre Berufung ist. Die Wahrscheinlichkeit, dass Sie Ihre Berufung, also das, wofür Sie mit den besten Anlagen ausgestattet worden sind, in dem Gesamtbild erkennen, ist viel größer, wenn Sie innerlich dazu bereit sind.

Wir gehen jetzt in drei Schritten weiter: 1. Sie tragen alle Informationen, also alle von Ihnen farbig markierten Begriffe, Erinnerungen, Berufsbezeichnungen, auf dem Gesamtbild des Karriere-Navigator zusammen. 2. Sie betrachten das Gesamtbild mit verschiedenen Methoden, um Ihre Berufung darin erkennen zu können. 3. Sie leiten, wenn Sie wollen, konkrete Ziele und Handlungsideen für Ihren neuen Lebenskurs aus dem Karriere-Navigator ab.

Manchen Menschen genügt es, zu wissen, dass sie ihre Berufung finden »könnten«. Tatsächlich habe ich es schon erlebt, dass jemand vor dem Abschlussbild abgebrochen und gesagt hat, er wüsste eigentlich schon längst, welches seine Berufung ist, aber er könnte damit nichts anfangen. Wenn es Ihnen ebenso geht oder wenn Sie Angst haben, sie »müssten« Ihr Leben verändern, dann sind Sie noch nicht so weit und sollten sich auch nicht zwingen, weiterzumachen. Hier hilft nur, Geduld zu haben, auf die inneren Stimme zu lauschen und zu spüren, wann der richtige Zeitpunkt gekommen ist.

Alle diejenigen, die neugierig sind, fortfahren wollen und sich bereit dazu fühlen, finden anschließend eine Vorlage für das Gesamtbild des Karriere-Navigator. Bitte nehmen Sie einen Stift und schreiben Sie, am besten in Druckbuchstaben, Ihre gefundenen Begriffe in die entsprechenden Zeilen.

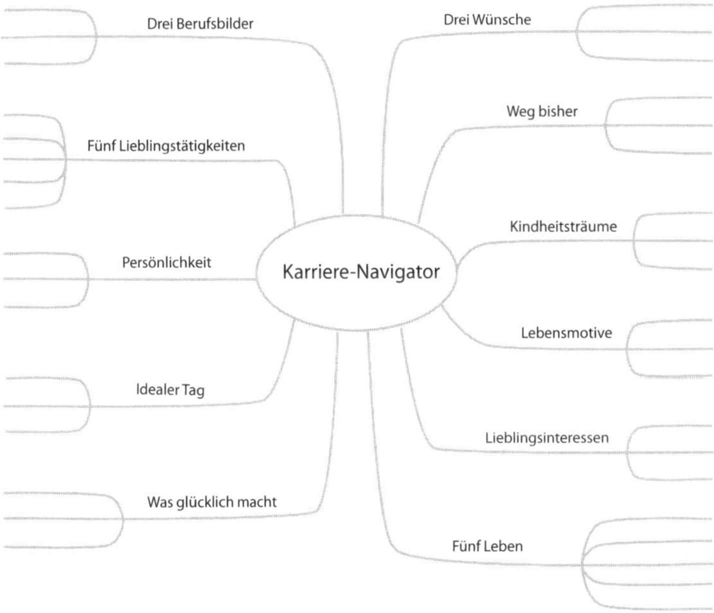

Abbildung 2: Der Karriere-Navigator

Ich hatte angekündigt, dass wir das Gesamtbild mit verschiedenen Methoden betrachten, um Ihre Berufung darin erkennen zu können. Die erste Möglichkeit ist, Ihre drei gefundenen Berufe auf eine Übereinstimmung mit den verschiedenen Anteilen Ihrer Persönlichkeit zu überprüfen.

Ihre drei möglichen Berufe

Nehmen Sie sich den Beruf vor, den Sie an erste Stelle gesetzt haben, den Sie also am liebsten hätten, und unterstreichen Sie ihn mit einem andersfarbigen Stift. Nun gehen Sie alle Aspekte Ihrer Persönlichkeit, die auf dem Karriere-Navigator eingetragen sind, durch und unterstreichen alle Begriffe, Dinge oder Gefühle, die mit diesem Beruf übereinstimmen oder sich in irgendeiner Form damit verbinden lassen würden.

Schauen Sie sich dazu das Beispiel von Sabine an, die Ihnen im Kapitel »Ihr bisheriger Weg« schon einmal begegnet ist.

Beispiel: Sabine hat nach ihrem Sprachstudium mit anschließender Weiterqualifikation zum MBA und mehreren Auslandsaufenthalten eine Trainee-Ausbildung in einem Großunternehmen gemacht, die ihr aber keinen Spaß gemacht hat. Sie spielt in ihrer Freizeit leidenschaftlich gern Theater und ist ein offener, kommunikativer Mensch. Sabine hat, so wie Sie, alle Übungen des Karriere-Navigator durchlaufen und die entsprechenden Ergebnisse eingetragen. Die Tätigkeit, die sie beim Brainstorming gefunden und die sie am meisten angesprochen hat, ist das Business-Theater. Business-Theater findet in Unternehmen bei Umstrukturierungen, Fusionen oder Konflikten statt, um den Mitarbeitern auf spielerische Weise die Situation nahezubringen. Die Schauspieler sind dabei zwar vorbereitet, können aber oft improvisieren und teilweise Teil auch Mitarbeiter des Unternehmens in das Geschehen einbeziehen.

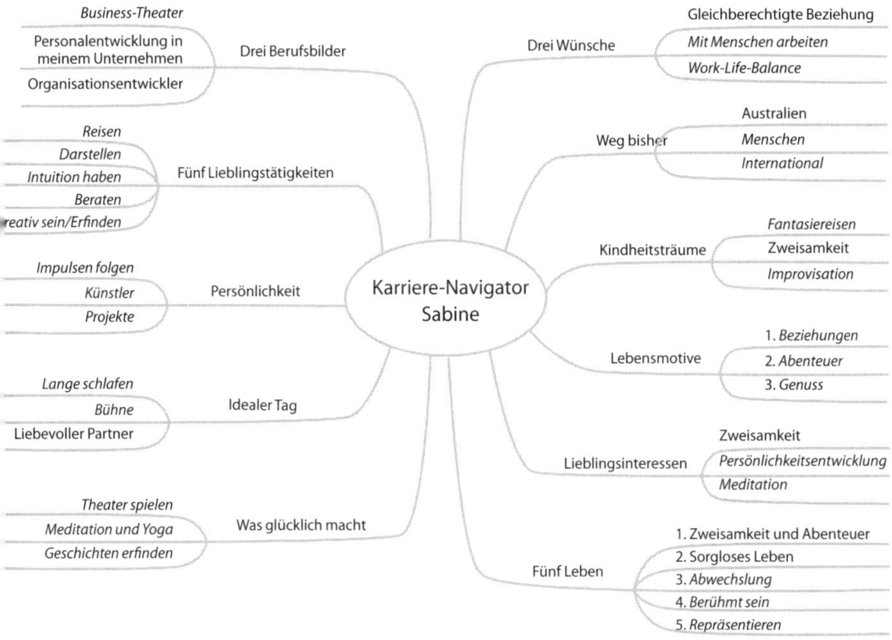

Abbildung 3: Der Karriere-Navigator von Sabine

Alles, was hier kursiv markiert ist, passt zum Thema Business-Theater: In Kombination mit ihrem Studium (Sprachen) und ihrer Weiterqualifikation (MBA) kann Sabine nicht nur ihre Leidenschaft Theaterspielen zu ihrem Beruf machen, sondern auch ihre Kunden im Vorfeld zum optimalen Einsatz der Schauspieler und Stücke beraten. Dadurch ergibt sich mittelfristig die Möglichkeit, das Business-Theater mit dem Beruf des Organisationsentwicklers zu kombinieren. Bei diesem Beruf hat sie außerdem genug Zeit für sich selbst (was ihr besonders wichtig ist) und kann meditieren, Yoga machen und reisen (beruflich und privat). Ein Punkt, der in ihrem Gesamtbild immer wieder auftaucht, ist der Wunsch nach einer Beziehung zu einem gleichberechtigten Partner, der mit ihr zusammen reist und ebenso gerne Abenteuer erlebt wie sie. Die Wahrscheinlichkeit, ihn zu finden, steigt, wenn sie ihre Leidenschaft zum Beruf macht. Denn dann strahlt Sabine die Energie aus, die einen solchen Partner überhaupt erst anziehen kann, und vielleicht lernt sie ihn sogar bei der Ausübung ihrer Berufung kennen.

Wenn Sie alle Schritte des Karriere-Navigator wirklich mit Ihrem Gefühl, Ihrer inneren Stimme bearbeitet haben, kann das Ergebnis so klar sein wie bei Sabine. Gehen Sie bitte mit Ihrem eigenen Karriere-Navigator nun genauso vor, wie am Beispiel beschrieben, und zwar für alle drei möglichen Berufe jeweils mit einer anderen Farbe. Sie können Ihren Karriere-Navigator vorher kopieren oder noch zwei Mal abschreiben, dann wird es übersichtlicher, aber es ist auch in einem Bild möglich. Bitte lesen Sie erst weiter, wenn Sie diesen Schritt gemacht haben.

Sie haben vermutlich schon längst ein Gefühl dafür bekommen, auf welchen Beruf das Ergebnis Ihres Karriere-Navigator hinweist, aber jetzt können Sie es auch sehen. Bei den meisten Menschen gibt es an dieser Stelle eine eindeutige Tendenz zu einem der drei möglichen Berufe. Für manche kommen allerdings auch zwei oder sogar alle drei Möglichkeiten infrage. Ihre Berufung ist letztendlich auch kein bestimmter, festgelegter Beruf, sondern die bestmögliche Kombination und Integration all Ihrer Persönlichkeitsanteile in Ihrem Berufs- und Privatleben.

Bitte notieren Sie jetzt noch einmal den Beruf beziehungsweise die Kombination der Berufe, die am besten zu Ihnen und Ihrer Berufung passen.

Wenn Sie sich tatsächlich beruflich verändern oder sogar ganz neu orientieren möchten, kann dieses Ergebnis für Sie von besonderer Bedeutung sein. Natürlich gibt es noch viele weitere Möglichkeiten, Ihre Berufung zum Ausdruck zu bringen. Wenn Sie sich aber dafür entscheiden, Ihre Berufung zum Beruf zu machen und Ihre Erkenntnisse aus diesem Teil des Karriere-Navigator umzusetzen, haben Sie einen entscheidenden Schritt auf dem Weg in das Leben Ihrer Träume bereits gemacht.

Die Berufung im Gesamtbild

Wie versprochen, gibt es eine zweite Methode, um aus dem Karriere-Navigator den Beruf und die Lebensumstände, die Sie glücklich machen, ablesen zu können. Vielleicht sind Sie noch nicht ganz mit Ihren drei möglichen Berufen aus dem Karriere-Navigator zufrieden, dann können Sie hiermit ein noch klareres Bild erhalten. Laden Sie wieder ein paar gute Bekannte oder Freunde ein und hängen Ihr Gesamtbild für alle gut sichtbar auf. Mit einem gemeinsamen Brainstorming entstehen auch hier oft Ideen, auf die Sie allein aufgrund Ihrer »Scheuklappen« einfach nicht kommen. Aber natürlich können Sie diesen Schritt auch für sich allein machen. Selbst mit Scheuklappen kommt oft noch viel Gutes dabei heraus. Wie also bereits beim Finden der drei möglichen Berufsbilder sehen Sie sich diesmal Ihr Gesamtbild an und fragen: Welche Aufgabe, welche Berufung könnte ein Mensch mit all diesen Wesensanteilen in dieser Welt haben?

Bitte schreiben Sie auch dieses Mal wieder alle Stichpunkte auf, die genannt werden, und vermeiden Sie jede Form von Bewertung während des Brainstormings. Anschließend nehmen Sie sich alle Ergebnisse und Ideen nah zu Herzen und fühlen in sich hinein. Als letzten Schritt markieren Sie bitte wieder die goldenen Drei, also die drei »Berufungen«, die Sie am meisten ansprechen. Sie werden spüren, welche die besten für Sie sind.

Beispiel: Sabine hat sich nach dem Brainstorming für »anderen

Freude machen«, »Menschen in ihrer Entwicklung unterstützen« und »die Welt sehen« entschieden, was einerseits zu ihrem neuen Berufswunsch »Business-Theater« passt, andererseits aber zusätzlich noch mehr Seiten ihrer Persönlichkeit zum Ausdruck bringt, die ihr wichtig sind.

Bitte schreiben Sie Ihre drei möglichen »Berufungen« noch einmal auf.

Ihre Berufung sind nicht drei verschiedene Wege, sondern die Kombination dieser drei. Bei manchen Menschen ist die Berufung so klar, dass dieser Schritt nicht mehr nötig ist. Andere nehmen diesen Schritt als letzte Bestätigung, dass das, was sie glauben, *wirklich* ihre Berufung ist. Denn Gründe für inneren Widerstand gibt es genug. Allen voran wehrt sich Ihr Verstand gegen jede Form von Veränderung. Seine Aufgabe ist es, Sie möglichst fit im Rennen zu halten – allerdings im Hamsterrad. Umwege sieht Ihr Verstand nicht gern. Im dritten Teil des Buches zeige ich Ihnen einige Möglichkeiten, wie Sie mit diesem Widerstand umgehen, doch jetzt geht es erst noch um ein klares Bild.

Wenn Sie das Gefühl haben, es allein nicht schaffen zu können, ein klares Bild zu erkennen, suchen Sie sich Unterstützung – einen Menschen Ihres Vertrauens, einen väterlichen Freund oder einen professionellen Coach. Denken Sie daran: Es geht hier um Ihr Leben!

Ich bin allerdings überzeugt, dass Sie es auch allein schaffen können. Falls Sie also noch nichts erkennen, mit dem Sie sich wohlfühlen oder mit dem Sie sich innerlich einverstanden erklären können, reden Sie mit Ihrem Verstand. Erklären Sie ihm, dass Sie seine Hilfe brauchen.

Und tun Sie etwas, das viele Schulkinder dieser Welt vor Klassenarbeiten noch immer tun, um über Nacht den Stoff zu lernen: Legen Sie das Gesamtbild Ihrer Berufung, den Karriere-Navigator, unter Ihr Kopfkissen und schlafen Sie darüber. Wenn Sie wollen, bitten Sie Ihr Unterbewusstsein vor dem Einschlafen, Ihnen im Traum zu zeigen, welcher Weg und welche Kombination aus all den möglichen der beziehungsweise die beste für Sie ist, welcher Ihr eigener Weg ist. Haben Sie Vertrauen zu sich.

Der dritte Weg

Ihre Berufung ist die bestmögliche Nutzung und Kombination aller Ihrer Anlagen. Deshalb kann es an dieser Stelle mehr als eine denkbare Richtung, mehr als einen potenziellen Zukunftsberuf für Sie geben. Jetzt geht es darum, aus Ihren Erkenntnissen konkrete Ziele und Handlungsideen für Ihren vielleicht neuen, möglicherweise auch nur leicht nachgesteuerten Lebenskurs aus dem Karriere-Navigator abzuleiten. Diese Ziele und Ideen werden im dritten Teil dieses Buches wieder eine Rolle spielen.

Zur Bestimmung Ihres Kurses betrachten Sie alle Teile des Karriere-Navigator noch einmal einzeln. Zu jedem Teil stellen Sie sich die folgenden Fragen:

- Was bedeuten diese Antworten für mein Leben?
- Was möchte ich in diesem Bereich verändern?
- Welche dieser Veränderungen ist mir im Moment die wichtigste, welche gibt mir ein Mehr an Energie, welche möchte ich als Erstes angehen?

Das kann natürlich die Entscheidung für einen Berufswechsel oder der Schritt in die Selbstständigkeit sein, das kann sich aber ebenso in vielen kleinen Veränderungen in unterschiedlichen Bereichen Ihres Lebens ausdrücken. Bitte betrachten Sie dabei nicht nur das Thema Beruf, sondern auch andere Lebensbereiche wie Freizeit, Hobbys, Ihr Entwicklungspotenzial, Ihren Körper und Ihre Gesundheit, Familie, Freunde und Kontakte, Ihr Engagement für eine sinnvolle Sache, die auch anderen dient, oder die weitere Beschäftigung mit dem Thema Sinn in Ihrem Leben.

Beginnen Sie mit Ihren drei Wünschen an eine Fee und gehen Sie alle elf Schritte des Karriere-Navigator einzeln durch. Natürlich kann es dabei auch Punkte geben, an denen Sie mit dem Ergebnis einfach zufrieden sind, wo Sie nichts ändern wollen oder im Moment nichts ändern können. Diese Punkte lassen Sie einfach aus, Sie können sie später jederzeit ergänzen. Bitte schreiben Sie die Ergebnisse aller Schritte auf ein separates Blatt oder listen Sie sie hier auf.

Drei Wünsche an eine Fee: ______________________________

____

____

Ihr bisheriger Weg: ______________________________

____

____

Kindheitsträume – Kindheitspläne: ______________________________

____

____

Lebensmotive: ______________________________

____

____

Lieblingsinteressen: ______________________________

____

____

Fünf-Leben-Übung: ____________________

____

____

Erkennen, was glücklich macht: ____________________

____

____

Ihr idealer Tag: ____________________

____

____

Ihre Persönlichkeit: ____________________

____

____

Fünf Lieblingstätigkeiten: ____________________

____

____

Drei mögliche Berufsbilder: ____________________

____

____

Nun schauen Sie sich Ihre Erkenntnisse, Ergebnisse und Ableitungen in Ruhe an. Wenn Sie zufrieden sind, stellen Sie sich bitte wieder folgende Frage: Können Sie einen Zusammenhang erkennen? Einen oder mehrere rote Fäden oder Oberbegriffe in den einzelnen Antworten?

Markieren Sie die entsprechenden Oberbegriffe oder roten Fäden in Ihren Ergebnissen und schreiben Sie sie – wie Tobias im folgenden Beispiel – abschließend noch einmal auf.

Diesen letzten Schritt können Sie beliebig oft wiederholen. Viele der gefundenen Antworten sind zeitüberdauernd, wandeln sich aber dann, wenn Sie Ihr Leben verändert haben. Sie können mit Ihren Ergebnissen also auch in Zukunft noch arbeiten. Wenn Sie an entscheidenden Wendepunkten in Ihrem Leben sind, können Sie Ihren Karriere-Navigator zur Hand nehmen und sich Fragen wie diese selbst beantworten:

- Nehme ich den neuen Job oder nicht?
- Soll ich mich auf diese Stellenausschreibung bewerben?
- Soll ich mich mit dieser Idee selbstständig machen, passt sie zu mir?
- Investiere ich genug Zeit in meine Familie, Karriere, mich selbst?

Beispiel: Tobias ist zufrieden mit seinem aktuellen Beruf. Sollte er sich eines Tages verändern wollen, gibt es für ihn genügend Möglichkeiten. Sein Lieblingsberuf ist bereits der, den er im Moment ausübt und der am besten zu seinen Wesensanteilen passt. Für Tobias haben sich allerdings durch den Karriere-Navigator zwei ganz andere Punkte als bedeutsam herausgestellt, damit er wirklich glücklich sein und seine Berufung leben kann: seine Partnerschaft und der Umgang mit sich selbst. Durch die Übung Lebensmotive ist ihm deutlich geworden, wie wichtig das Thema Familie für ihn ist. Seine Partnerin will mit ihm schon seit Längerem über Heirat und Familienplanung reden, doch bisher stand sein Unternehmen für ihn im Vordergrund. In mehreren Ergebnissen findet sich daher für ihn auch das Thema »Zeit« (bei den drei Wünschen, den Kindheitserinnerungen, den Lieblingsinteressen, was glücklich macht und in der Fünf-Leben-Übung). Davon hat er bisher weder in sich selbst noch in seine Partnerschaft genug investiert, um damit zufrieden sein zu können. Tobias hat daher an dieser Stelle folgende Punkte eingetragen:

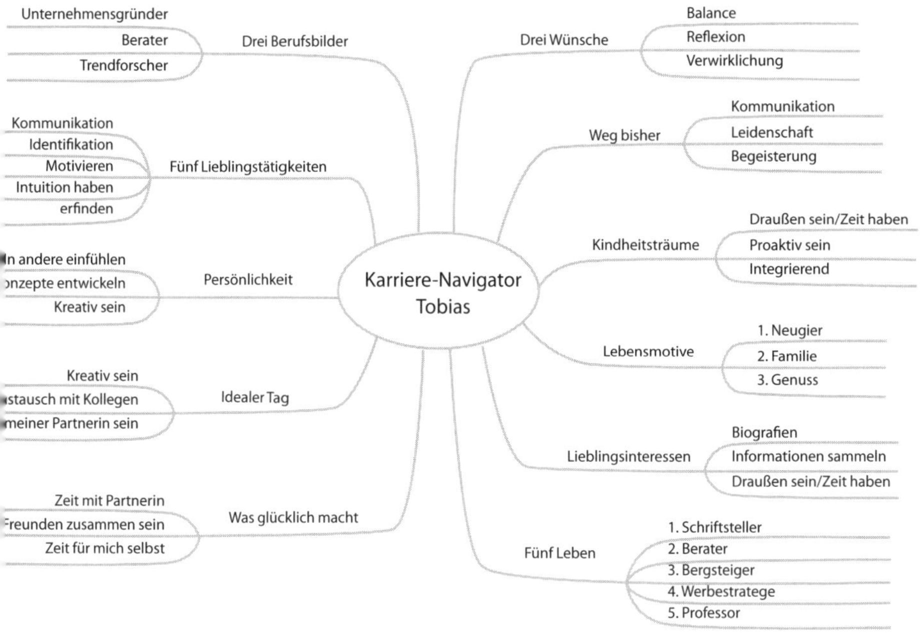

Abbildung 4: Der Karriere-Navigator von Tobias

1. Mehr Zeit für mich selbst und meine Partnerin einplanen.
2. Dafür in meinem Unternehmen mehr als bisher delegieren. Eventuell einen Mitarbeiter für den Bereich Personal einstellen.
3. Das Thema Familienplanung mit meiner Partnerin ausführlich besprechen und eine gemeinsame Vision für unsere Zukunft als Partner und Eltern entwickeln.

Wie geht es Ihnen jetzt? Sind Sie zufrieden mit Ihren Ergebnissen? »Wollten« Sie das Resultat, das dabei herausgekommen ist? Mehr als einmal habe ich von meinen Kunden an dieser Stelle gehört: »Aber das sollte es doch gar nicht sein!« Können Sie sich vorstellen, dass das ein Ausdruck Ihrer Seele ist? Da spricht nicht Ihre Seele, sondern eher Ihr Verstand. Und wer soll Ihr Leben bestimmen? Ihr Verstand oder Ihr innerer Navigator, der mehr über Sie sagt als alles andere und den Sie nun endlich wiedergefunden haben? Vertrauen Sie ihm, er ist es, der Sie am besten leitet. Hören Sie auf Ihre innere Stimme und folgen Sie Ihrem Weg. Wie Sie das umsetzen können, erfahren Sie im nächsten Teil dieses Buches. Bevor Sie aber weiterlesen, bitte ich Sie, innezuhalten und Ihren Erkenntnissen, Erfahrungen und Ergebnissen Raum zu geben. Seien Sie stolz auf das, was Sie bereits geschafft haben, feiern Sie, lassen Sie es auf sich wirken, genießen Sie den Moment! Jetzt gibt es keinen Grund mehr, zu eilen, im Gegenteil, je entspannter und gelassener Sie die nächsten Schritte tun, desto erfolgreicher werden Sie auf Ihrem eigenen Weg sein. Holen Sie die Segel ein und lassen Sie sich einfach eine Weile treiben – und erst dann gehen Sie weiter zum dritten Teil.

Teil 3
Von der Berufung zum Beruf

Im vorangegangenen Teil dieses Buches haben Sie konkrete Ideen für eine berufliche Neuorientierung entwickelt, verschiedene Ansatzpunkte für Veränderungen in Ihrem Leben definiert und hoffentlich sogar Ihre Berufung gefunden. Sie sind damit schon weiter gekommen, als viele Menschen es in ihrem Leben überhaupt jemals schaffen. Wenn es Ihnen reicht, Ihre Berufung zu kennen, sie gefunden zu haben und zu fühlen, dass Sie einen bestimmten Weg gehen könnten, dann belassen Sie es dabei. Aber wenn Sie in sich eine tiefe Sehnsucht spüren, der Sie nicht mehr widerstehen können oder wollen, nutzen Sie die Energie, die Sie jetzt in sich fühlen, um auf Ihrem Weg weiterzugehen und die Kurskorrekturen vorzunehmen, die Sie am meisten voranbringen. Sie haben jetzt eine Menge Arbeit vor sich. Nur wenn Ihre Berufung wirklich Ihre Seele erreicht hat, in Ihnen brennt und Sie bereit sind, Energie, Zeit und, wenn es nötig ist, auch Geld für ihre Erfüllung einzusetzen, werden Sie es schaffen. Auch Genies haben für ihren Erfolg hart gearbeitet. Bewusstsein ist der erste Schritt für Ihre Veränderung und diesen Schritt haben Sie bereits getan. Die Geheimnisse Ihres Erfolgs im nächsten Schritt sind gute Planung und Ausdauer.

Wie es jetzt weitergeht

Bevor Sie im nächsten Kapitel die genauen Umstände Ihres Traumjobs spezifizieren, geht es nun darum, wie Sie Ihre Berufung in den verschiedenen Bereichen Ihres Lebens am besten zum Ausdruck bringen können. Ihre Berufung ist nicht nur der Job, der Sie erfüllt, sondern der Beruf und die Lebensumstände, die Sie glücklich machen. Je genauer Sie wissen, was Sie glücklich macht, desto größer ist die Wahrscheinlichkeit, dass Sie es erreichen. Wenn Sie in den verschiedenen Bereichen Ihres Lebens Ihrer Berufung folgen, geht es Ihnen gut und Sie gewinnen an Energie. Außerdem erhöhen Sie die Wahrscheinlichkeit, den Menschen und Situationen in Ihrem Leben zu begegnen, die Sie auf Ihrem (beruflichen) Weg voranbringen und unterstützen können.

Formulieren Sie Ihre Vision

Um weiterzugehen, brauchen Sie ein Bild, eine klare Vision davon, wie Ihr Leben in Zukunft aussehen soll, wenn Sie Ihre Berufung leben. Dabei genügt es nicht, wenn Sie nur auf den Beruf schauen, Sie müssen – wie auch beim Karriere-Navigator – alle Anteile Ihrer Persönlichkeit in das Gesamtbild einbeziehen und auf Ihre verschiedenen Lebensbereiche übertragen. Erst wenn Sie ein klares Bild vom Leben Ihrer Träume haben, setzen Sie selbst

Entwicklung und Veränderung in Gang. Erst aus einer kraftvollen Vision lassen sich klare Ziele ableiten, die dauerhaft motivieren und Energie geben.

Am Ende des Karriere-Navigator haben Sie drei Aspekte Ihrer Berufung formuliert, die Sie jetzt auf Ihre verschiedenen Lebensbereiche übertragen. Diese Bereiche sind:

- Beruf/Karriere
- Körper/Gesundheit
- Familie/Freunde/Kontakte
- Lebenssinn/Spiritualität

Sie haben wieder mehrere Möglichkeiten: Entweder Sie begeben sich abermals in Entspannung und verlassen sich auf die Bilder Ihrer Seele oder Sie nutzen die Methode des Brainstormings, um möglichst viele Ideen zu entwickeln und davon später die besten auszuwählen. Sie können eine der beiden Methoden wählen oder aber, was noch hilfreicher ist, beide nutzen und die Ergebnisse am Ende kombinieren. Das macht etwas mehr Arbeit, bringt aber die besten Resultate. Und die Investition lohnt sich, denn sie ist schließlich für Ihr Leben.

Das Entwickeln Ihrer Vision durch Visualisierung

Im Karriere-Navigator haben Sie bereits eine Vision entwickelt, wie Ihr idealer Tag aussehen könnte. Jetzt geht es darum, Ihre innere Stimme zu fragen, welche Form Ihre Berufung in den verschiedenen Bereichen Ihres Lebens haben soll. Was sich mit Ihren innersten Wünschen und Sehnsüchten deckt und Ihnen am besten entspricht. Mit dem Verstand lässt sich diese Frage nur begrenzt beantworten. Deshalb können Sie, wenn Sie möchten, an dieser Stelle wieder den Entspannungsteil aus dem Kapitel

»Ihr idealer Tag« im zweiten Teil des Buches nutzen oder Sie bringen sich auf Ihre eigene Art in einen Zustand größtmöglicher Entspannung, um offen für die Bilder aus Ihrem Inneren zu sein. Vielleicht reicht es auch, wenn Sie die Augen schließen und ein paar Mal tief durchatmen. Dann stellen Sie sich im entspannten Zustand folgende Frage:

Wie möchte ich die drei Aspekte meiner Berufung in meinem Leben am liebsten zum Ausdruck bringen?

1 ______________________________

2 ______________________________

3 ______________________________

Sammeln Sie im Anschluss einfach die Bilder, Gefühle und Eindrücke, die Sie erreicht haben. Es kommt hier nicht auf die Menge an, aber nehmen Sie sich ruhig etwas Zeit. Bitte denken Sie daran, dass der Kritiker der Disney-Technik im Moment noch nicht gefragt ist, sondern nur die Stimme Ihrer Seele.

Wenn Sie so weit sind und auf Ihre innere Stimme gehört haben, notieren Sie bitte Ihre Bilder, Gefühle und Eindrücke hier oder auf einem separaten Blatt für Ihre Unterlagen.

Im Bereich Beruf/Karriere möchte ich meine Berufung am liebsten dadurch zum Ausdruck bringen, dass ______________________________

____

____

Im Bereich Körper/Gesundheit möchte ich meine Berufung am liebsten dadurch zum Ausdruck bringen, dass ______________________________

____

____

Im Bereich Familie/Freunde/Kontakte möchte ich meine Berufung am liebsten dadurch zum Ausdruck bringen, dass ______________________

____

____

Im Bereich Lebenssinn/Spiritualität möchte ich meine Berufung am liebsten dadurch zum Ausdruck bringen, dass ______________________

____

____

Es ist hier nicht wichtig, dass Sie viele Dinge aufgeschrieben haben, wichtig ist nur, dass Sie sich bei allem, was Sie notiert haben, großartig fühlen. Sehen Sie bitte noch einmal unter diesem Aspekt auf Ihre Notizen. Ist das so?

Das Entwickeln Ihrer Vision durch Brainstorming

Dieses Mal brauchen Sie zum Brainstorming nur sich selbst. Bitte nehmen Sie sich wieder Stift und Zettel und notieren Sie alles, was Ihnen zur jeweiligen Frage einfällt. Sie schreiben jede Idee ohne Bewertung auf. Erst im nächsten Schritt wählen Sie aus allen gefundenen Ideen die aus, die Ihnen am wichtigsten sind. Nehmen Sie dazu ruhig auch noch einmal Ihr Abschlussbild, Ihren Karriere-Navigator, zur Hand und stellen Sie sich die folgenden Fragen:

Wie kann ich meine Berufung im Bereich Beruf/Karriere am besten zum Ausdruck bringen – sei es in einem ganz neuen Beruf oder an meinem aktuellen Arbeitsplatz?

____

____

Wie kann ich meine Berufung im Bereich Körper/Gesundheit am besten zum Ausdruck bringen?

Wie kann ich meine Berufung im Bereich Familie/Freunde/Kontakte am besten zum Ausdruck bringen?

Wie kann ich meine Berufung im Bereich Lebenssinn/Spiritualität am besten zum Ausdruck bringen?

Sind durch das Brainstorming noch neue Ideen und Bilder dazugekommen? Auch hier können Sie natürlich wieder Menschen Ihres Vertrauens oder auch einen professionellen Coach hinzuziehen. Möglicherweise macht Ihnen Ihr Verstand das Leben an dieser Stelle wieder etwas schwerer als nötig, aber inzwischen haben Sie ja einige Tricks kennengelernt, ihn zu besänftigen.

Beispiel: Martin ist seit sieben Jahren erfolgreich als Unternehmensberater tätig. Er kommt zum Coaching, weil er sich mit seiner Arbeit immer weniger identifizieren kann und ein inneres Drängen verspürt, sein Leben zu verändern. Durch das Aufdecken seiner Lebensmotive (Freude, Familie und Harmonie) wird ihm bewusst, wie sehr er sich eine Tätigkeit wünscht, die ihm und anderen Freude macht und ihm die Zeit lässt, mit seiner Partnerin eine Familie zu gründen. Als junger Mann hatte er mehrere eigene Bands gegründet, Musikstücke komponiert und auf der Bühne gestanden. Sein Vater wünschte sich für ihn einen »anständigen« Beruf. Deshalb studierte er BWL, machte als Unternehmensberater

Karriere und verbannte seinen Traum, Filmmusik zu komponieren, in den hintersten Winkel seines Herzens. Beim Karriere-Navigator kommt die Musik als seine größte Leidenschaft wieder zum Vorschein und es ist klar, dass er sie zu einem Teil seines Lebens machen muss, um glücklich zu sein. Seine Berufung sieht Martin darin, Menschen mit seiner Musik zu berühren. Er könnte weiter in seinem Job bleiben und wieder damit beginnen, Stücke zu komponieren. Er könnte noch einmal eine eigene Band gründen und kleinere Auftritte im privaten Kreis machen. Weil ihm seine Arbeit als Unternehmensberater dazu aber nicht genügend Zeit und Ruhe geben würde und er in den Jahren seiner Berufstätigkeit ausreichend Rücklagen gebildet hat, könnte er aber auch seinen Job aufgeben und sich darauf konzentrieren Filmmusik zu schreiben, Musikevents zu veranstalten oder – und dafür entscheidet er sich schließlich, weil es am besten zu allen anderen Aspekten seiner Persönlichkeit passt – »Seelenmusik« zu komponieren und eigene CDs auf den Markt zu bringen.

Wenn Sie in Ihrem aktuellen Job unzufrieden sind und sich innerlich bereits entschieden haben, grundlegende Veränderungen vorzunehmen, ist dieser Schritt besonders wichtig für Sie. Bitte schauen Sie sich dann noch einmal Ihre Ergebnisse im Bereich Beruf/Karriere an und prüfen Sie, ob Sie hier mit Ihrer Kreativität zufrieden sind. Wenn nicht, legen Sie dieses Buch für ein Stündchen zur Seite, machen einen Spaziergang oder gehen mit Ihren Freunden aus und sammeln später noch ein zweites Mal Ihre Ideen. Um die genauere Spezifikation Ihres Traumjobs geht es im nächsten Kapitel, aber je mehr Ideen Sie schon im Vorhinein entwickelt haben, desto besser.

Durch Visualisierung und/oder Brainstorming haben Sie inzwischen eine ganze Reihe von Ideen und Anknüpfungspunkten gefunden, wie Sie Ihre Berufung in Ihrem Leben besser zum

Ausdruck bringen könnten. Mit der Auswahl der goldenen Drei darf nun auch Ihr Verstand wieder ein bisschen mehr am aktiven Geschehen teilnehmen.

Bitte entscheiden Sie sich nun in jedem Lebensbereich für maximal drei Aspekte, Ideen oder Gedanken aus Ihren Ergebnissen, die Sie am liebsten umsetzen möchten, die Ihnen im Moment die wichtigsten sind, und notieren sie hier oder in Ihren Unterlagen.

Die zurzeit wichtigsten Ausdrucksmöglichkeiten meiner Berufung im Bereich Beruf/Karriere:

1 ______________________________

2 ______________________________

3 ______________________________

Die zurzeit wichtigsten Ausdrucksmöglichkeiten meiner Berufung im Bereich Körper/Gesundheit:

1 ______________________________

2 ______________________________

3 ______________________________

Die zurzeit wichtigsten Ausdrucksmöglichkeiten meiner Berufung im Bereich Familie/Freunde/Kontakte:

1 ______________________________

2 ______________________________

3 ______________________________

Die zurzeit wichtigsten Ausdrucksmöglichkeiten meiner Berufung im Bereich Lebenssinn/Spiritualität:

1 ______________________________

2 ______________________________

3 ______________________________

Martin entschied sich an dieser Stelle im Bereich Gesundheit dafür, regelmäßig Zeit für Entspannung einzuplanen, wieder mit dem Meditieren zu beginnen und nur noch maximal zwei Tassen Kaffee am Tag zu trinken. Im Bereich Familie/Kontakte will er regelmäßig seine besten Freunde zum gemeinsamen Musikmachen einladen und mit seiner Partnerin mindestens einmal im Monat eine Veranstaltung, eine Ausstellung oder ein Konzert besuchen. Seelenmusik zu komponieren und sich wieder mehr mit dem Thema Buddhismus zu beschäftigen ist für ihn das Wichtigste im Bereich Lebenssinn und Spiritualität.

Bitte schauen Sie jetzt noch einmal auf Ihre Ergebnisse. Gibt Ihnen alles, was Sie notiert haben, ein durch und durch gutes Gefühl? Wenn Sie dem Prozess bis hierhin gefolgt sind, sollte das bei allen Punkten so sein. Sehen Sie sich auch noch einmal Ihre drei Lebensmotive an und überprüfen sie auf Übereinstimmung mit Ihren Ergebnissen. Falls nötig, modifizieren Sie die Ausdrucksmöglichkeiten Ihrer Berufung, bis sie wirklich zu Ihren Lebensmotiven passen, und notieren Sie Ihre Ergebnisse noch einmal neu. Sind Sie nun abschließend zufrieden?

Auch diesen Schritt können Sie zu einem späteren Zeitpunkt, wenn Sie manches möglicherweise schon umgesetzt haben oder neue Inspiration für Veränderungen in Ihrem Leben suchen, noch einmal wiederholen. Der Ausdruck Ihrer Berufung in den verschiedenen Bereichen Ihres Lebens kann sich mit Ihnen weiterentwickeln und die Prioritäten können sich verschieben, auch wenn die Grundausrichtung Ihrer Berufung immer dieselbe bleibt.

Wenn Sie möchten, können Sie an dieser Stelle noch einen Schritt weitergehen und Ihre Vision für die nächsten drei, fünf und zehn Jahre für die vier Bereiche Ihres Lebens formulieren. Wie soll sich Ihre Berufung in Ihrem Beruf, im Bereich Körper/Gesundheit, Familie/Freunde/Kontakte und Lebenssinn/Spiritualität in den nächsten Jahren ausdrücken? Wo wollen Sie hin? Was wird Sie glücklich machen? Wenn Sie diesen Schritt machen möchten, nehmen Sie sich ausreichend Zeit dafür und gehen Sie in der gleichen Weise vor, wie Sie es für Ihre aktuelle Situation getan haben. Es kann Ihnen einen wunderbaren Schub an zusätzlicher Energie bringen, wenn Sie klar formuliert haben, wohin Sie in den nächsten Jahren kommen und welche Wege Sie gehen wollen.

Die Ergebnisse aus diesem Kapitel werden an späterer Stelle noch einmal zur Sprache kommen. Das folgende Kapitel konzentriert sich auf den Bereich Beruf und Karriere. Es geht um die Konkretisierung des Jobs, der Sie glücklich macht.

Von der Berufung zum Beruf: Spezifikation Ihres Traumjobs

Am Ende des Karriere-Navigator haben Sie drei mögliche Berufsziele formuliert und auf Übereinstimmung mit Ihren wichtigsten Wesensanteilen überprüft. Sie haben Ihre Berufung in drei Aspekten formuliert und im letzten Kapitel für den Bereich Beruf/ Karriere drei Ideen notiert, wie Sie Ihre Berufung im Beruf am besten zum Ausdruck bringen können. Bitte sehen Sie sich Ihre Antworten und Notizen aus den verschiedenen Übungen nun noch einmal in Ruhe an. Jetzt gilt es, eine Entscheidung zu treffen, was nicht unbedingt bedeutet, dass Sie Ihren Job wechseln müssen, um glücklich zu sein. Manchmal genügt es, dort, wo Sie sind, mehr von dem zum Ausdruck zu bringen, was Ihnen wirklich wichtig ist. Sie haben mehrere Möglichkeiten:

- Sie können die Firma wechseln.
- Sie können die Umstände verändern.
- Sie können die Stufe wechseln.
- Sie können den Beruf wechseln.

Die Firma wechseln: Wenn Ihr Beruf gut zu Ihnen passt und das Richtige für Sie ist und Ihre Unzufriedenheit daher kommt, dass Ihre Lebensmotive sich nicht mit der Philosophie Ihres Arbeitgebers in Einklang bringen lassen, machen Sie den gleichen Job in einem Unternehmen oder einer Branche, die besser zu Ihnen passt!

Die Umstände verändern: Wenn das Unternehmen, in dem Sie beschäftigt sind, wunderbar zu Ihnen passt, Sie aber mit Ihrer Tätigkeit nicht mehr zufrieden sind, könnten Sie versuchen, in Ihrem aktuellen Job mehr von Ihrer Berufung zum Ausdruck zu bringen oder innerhalb des Unternehmens, wenn es möglich ist, eine neue Stelle zu finden. Und wenn Sie sich zum Beispiel mehr Internationalität wünschen, fragen Sie nach, ob Sie für Ihr Unternehmen einige Zeit ins Ausland gehen können!

Die Stufe wechseln: Möglicherweise ist Ihnen klar geworden, dass Sie nur unzufrieden sind, weil Sie eigentlich schon lange einen Schritt auf der Karrieretreppe nach oben gehen wollten, sich aber bisher immer mit dem zweiten Platz zufriedengegeben haben. Jetzt möchten Sie mehr Verantwortung und sind sicher, dass Sie auf die nächste Ebene gehören. Dann machen Sie den nächsten Karriereschritt!

Den Beruf wechseln: Vielleicht haben Sie auch erkannt, dass Sie dort, wo Sie sind, nicht hingehören. Nicht in das Unternehmen, die Branche, die Tätigkeit und zu den Menschen, die Sie umgeben. Dann hilft nur eines: ein Neustart! Machen Sie eine Weiterbildung, bewerben Sie sich als Quereinsteiger auf Ihren Traumjob oder machen Sie sich mit einer Idee, die zu Ihnen und Ihrer Berufung passt, selbstständig!

Welches der richtige Weg für Sie ist, können nur Sie allein entscheiden. Doch ganz egal, wofür Sie sich entscheiden, eine Veränderung wird es auf jeden Fall für Sie geben. Und egal, in welche Richtung Sie gehen: Zu jedem Schritt gehört Mut. Um sich die Entscheidung zu vereinfachen, machen Sie sich nun als Nächstes klar, wie die genauen Umstände Ihres Traumjobs aussehen sollen.

Wenn Sie einen Job gefunden haben, der Ihnen und Ihrer Berufung entspricht, dann fühlen Sie sich an Ihrem Arbeitsplatz wohl, haben Kollegen, mit denen Sie gerne zusammenarbeiten, mögen Ihre Kunden und/oder die Leute, mit denen Sie täglich zu tun haben, und empfinden Ihren Job als sinnvoll.

Mit den folgenden Fragen können Sie herausfinden, was für Sie im Berufsleben – zusätzlich zu den Informationen aus dem Karriere-Navigator – noch zum Wohlfühlen wichtig sein könnte. Es geht nicht nur darum, was Sie arbeiten, sondern auch wie, mit wem, wo und unter welchen Bedingungen. Die nachfolgenden Fragen beziehen sich vor allem auf Menschen, die in Unternehmen angestellt sind. Falls Sie überlegen, sich selbstständig zu machen, übertragen Sie die Fragen bitte einfach auf Ihre mögliche Selbstständigkeit.

Bitte beantworten Sie sich möglichst spontan die folgenden Fragen:

In welchem Land (Kontinent, Land, Bundesland) und in welcher Stadt (Großstadt, Kleinstadt, auf dem Land, Name der Stadt) möchten Sie am liebsten arbeiten?

____

____

____

Wie wollen Sie zu Ihrem Arbeitsplatz kommen und wie weit soll der Weg dorthin maximal sein (Kilometer, Anfahrtszeit, Auto, Bahn, Fahrrad, Home Office)?

____

____

____

In was für einem Unternehmen (Profit, Non-Profit, eigenem Unternehmen, Start-up, national/international) wollen Sie arbeiten? Und in welcher Branche soll es sein?

Wollen Sie lieber allein oder mit Kollegen arbeiten, wenn ja, mit wie vielen? Wie eng?

Welche Art von Kontakt bevorzugen Sie mit Kollegen oder Kunden (persönlich, Telefon, E-Mail) und wie häufig wollen Sie Kontakt mit anderen haben?

Wollen Sie Mitarbeiterverantwortung (für wie viele) oder lieber Mitarbeiter sein? Wie sollen Ihre Mitarbeiter/Ihr Chef sein?

Mit wem oder was wollen Sie arbeiten (mit Menschen, Tieren, Werkzeugen, Gegenständen, Medien)?

Wie viel Macht und Einfluss wollen Sie haben (Budget, Entscheidungsgewalt, Verantwortung)?

Wie viel Zeit wollen Sie mit Ihrer Arbeit verbringen (am Tag, in der Woche, im Jahr)? Wollen Sie lieber feste Zeiten oder sich Ihre Zeit frei einteilen können?

Wie viel wollen Sie verdienen? Wie wichtig sind Ihnen Sozialleistungen und Vergünstigungen?

Vielleicht haben Sie an der einen oder anderen Stelle noch gezögert oder waren um eine klare Antwort verlegen. Das ist vollkommen normal. Wie auch bisher schon ergänzen Sie die fehlenden Antworten oder ändern solche, mit denen Sie noch nicht vollkommen glücklich sind, wann immer Ihnen etwas Neues oder Stimmigeres dazu einfällt.

Passen Ihre Antworten wirklich zu Ihren Lebensmotiven, Ihren Interessen und Ihrer Persönlichkeit oder sind Antworten dabei, die früher für Sie richtig waren und von denen Sie geträumt haben, die aber heute bereits überholt sind? Bitte schauen Sie sich Ihre Antworten noch einmal genau an und stellen sich diese Frage jedes Mal neu. Falls nötig, korrigieren Sie Ihre Ergebnisse und lassen Sie das Vergangene los.

Erst wenn Sie wirklich zufrieden sind, machen Sie bitte den nächsten Schritt. Schauen Sie auf Ihre Antworten und markieren Sie drei Dinge, die Ihnen besonders wichtig sind, auf die Sie auf keinen Fall in Ihrem Job verzichten möchten. Bitte halten Sie diese goldenen Drei wieder auf einem extra Blatt fest.

Jetzt haben Sie eine ganze Menge an Informationen über den Job, der Sie glücklich macht, zusammengetragen. Bitte ergänzen Sie nun Ihren Karriere-Navigator um die Dinge, die Ihnen in Ihrem Job besonders wichtig sind, und die drei wichtigsten Ausdrucksmöglichkeiten Ihrer Berufung im Bereich Beruf/Karriere, damit Sie alles auf einen Blick haben.

Wenn Sie auf das Gesamtbild schauen, haben Sie nun eine klare Vorstellung davon, welchen Weg Sie als Nächstes gehen wollen? Was Sie wirklich glücklich machen kann? Können Sie eine Entscheidung treffen, zu der Sie von Herzen »Ja!« sagen?

Sollten Sie jetzt noch kein klares Bild haben oder aber auch zu viele Möglichkeiten sehen und sich nicht für einen Weg entscheiden können, ist das der Zeitpunkt, um sich Unterstützung von außen zu holen. Sprechen Sie mit einem Menschen Ihres Vertrauens oder ziehen Sie einen professionellen Coach zurate. Im Moment der Entscheidung für einen neuen Weg ist ein zusätzlicher, möglichst neutraler Blick Gold wert!

Eine wiederentdeckte Leidenschaft kann ansonsten zum Beispiel so stark sein, dass Sie den Eindruck haben, sie zum Beruf machen zu wollen. Um sicher zu sein, dass eine Berufsidee wirklich zu Ihnen passt, haben Sie im Karriere-Navigator zwar bereits den Abgleich mit den wichtigsten Bereichen Ihrer Persönlichkeit gemacht, in der ersten Begeisterung kann es aber passieren, dass Sie über Dinge »großzügig« hinwegsehen, die einem Außenstehenden leichter auffallen.

Wenn Sie für sich als Leidenschaft das Kochen wiederentdeckt haben und nun überzeugt davon sind, dass es Sie glücklich machen würde, ein eigenes Restaurant zu eröffnen, seien Sie kritisch mit sich selbst (der Kritiker aus der Disney-Technik ist an dieser Stelle durchaus hilfreich) und fragen sich, ob Ihnen das Ganze Drumherum ebenso viel Spaß machen würde. Mit einem eigenen Restaurant hätten Sie nicht nur mit Kochen, sondern auch mit Einkauf, Buchhaltung, Werbung und Personal zu tun. Ein neutraler Blick auf Ihre Lebensmotive Ruhe, Familie und Freude lässt vermuten, dass dies nicht der richtige Weg für Sie ist. Entscheiden Sie sich dann lieber für einen exklusiven Kochkurs, planen Sie mehr Zeit fürs Kochen im Privaten ein und finden Sie ein anderes berufliches Ziel, das noch besser zu Ihnen passt.

Die Leidenschaft am Kochen steht vielleicht für Ihren Wunsch, andere Menschen zu verwöhnen oder aber auch Ihre beste Seite zu zeigen und mehr in der Öffentlichkeit zu stehen. Finden Sie den Kern, den Hintergrund Ihres Wunsches, und gehen Sie in Ihren Überlegungen über die klassischen Berufe hinaus. Wenn nötig, kreieren Sie selbst einen eigenen neuen Beruf. Seien Sie erfinderisch und mutig. Setzen Sie sich über all die inneren und äußeren Stimmen hinweg, die Ihnen sagen, dass Sie das sowieso nicht schaffen werden. Als ich begonnen habe, meine Kunden in Sachen Berufung zu beraten, hat meine Umgebung es auch nicht für möglich gehalten, dass man damit Erfolg haben könnte. Aber ich habe an meinen Traum geglaubt und bin mit meiner Arbeit auch heute noch glücklicher denn je.

Damit auch Sie Ihre Berufung zum Beruf machen können, bringen Sie Ihr Ziel im nächsten Schritt auf den Punkt. Dann überprüfen Sie es mit der Wunderbar-Methode und erstellen einen Projektplan für den Weg, der vor Ihnen liegt.

Sagen Sie, was Sie wollen: Zielformulierung nach den SMART-Kriterien

Damit sich Ihre Träume wirklich erfüllen können, müssen Sie sie klar formulieren und *unbedingt* aufschreiben. Sie erinnern sich: Nichts ist so flüchtig wie das gesprochene Wort und der gedachte Gedanke. Bei allen Schritten, die noch folgen, denken Sie bitte immer auch an Ihre Ergebnisse im Karriere-Navigator und beziehen sie in Ihre Entscheidungen mit ein.

In diesem Kapitel formulieren Sie auf Basis der bisher gesammelten Informationen drei konkrete Berufsziele. Diese Ziele beinhalten, was Sie tun, für wen Sie es tun, wo Sie es tun, womit Sie arbeiten und ob Sie angestellt sind oder selbstständig.

Wie aber formuliert man ein klares Ziel? Ein Traum ist ein Traum, ein Ziel ist ein Traum mit einem Plan und einem Termin. Einen Traum zu einem Ziel zu machen ist zum Beispiel mit der SMART-Methode möglich. SMART steht für:

S Spezifisch (so konkret formulieren wie möglich)
M Messbar (Ziel erreicht oder nicht erreicht?)
A Aktionsorientiert (selber Handeln statt im Lotto gewinnen)
R Realistisch (ist das überhaupt erreichbar?)
T Terminiert (mit einem konkreten Termin versehen)

»Ich möchte den Job finden, der mich glücklich macht« ist noch kein Ziel, sondern ein Traum. Ein Ziel, das allen oben genannten Kriterien entspricht, wäre beispielsweise, wenn Sie es so formulieren: »Ich beschäftige mich ab morgen in den nächsten sechs Monaten jeden Tag außer Sonntag zwei Stunden damit, wie ich meiner Berufung Ausdruck in meinem Leben geben kann. Dazu besuche ich mindestens einen Workshop, in dem es um berufliche Neuorientierung geht, und lese drei Bücher zum Thema, die mir mein Coach empfohlen hat. Spätestens nach Ablauf der sechs Monate habe ich ein klares Ziel für das Leben nach meiner Berufung formuliert.«

Es macht eine Menge Arbeit, sich über sein Ziel so klar zu werden und es konkret und auf den Punkt gebracht zu formulieren, aber es lohnt sich. Nur wenn Sie Ihr Ziel in jeder Situation wie aus der Pistole geschossen parat haben, ist auch Ihr Unterbewusstsein davon überzeugt, dass Sie es ernst meinen, und kann Sie auf Ihrem Weg unterstützen. Und nur wenn Sie Ihr Ziel so klar formuliert haben, können Sie es im nächsten Schritt in kleinere Einheiten unterteilen.

Wenn Sie mehrere Möglichkeiten für Ihre berufliche Neuorientierung sehen, notieren Sie jetzt bitte bis zu drei Ziele. Oft lassen sich die einzelnen Ziele am Ende zu einem Gesamtziel kombinieren. Es ist also an dieser Stelle noch nicht nötig, dass Sie ein absolutes, unverrückbares und einziges Ziel benennen können. Wenn Sie aber inzwischen ganz sicher sind, in welche Richtung Sie gehen wollen, schreiben Sie auch nur dieses eine Ziel für den Job, der Sie glücklich macht, auf!

Bitte formulieren Sie schriftlich Ihr Ziel oder Ihre Ziele beziehungsweise die Beschreibungen des Jobs, der Sie glücklich machen könnte, so kurz und prägnant wie möglich, am besten jeweils in einem Satz.

Beispiel: »Ich eröffne im Januar nächsten Jahres ein eigenes Blumengeschäft, das auf die Ausrichtung von großen Events und Feiern in mittelständischen Unternehmen spezialisiert ist.«

»Ich biete ab März ayurvedische Kochkurse in meinem Bekanntenkreis und in Volkshochschulen an und erstelle bis Juni meine eigene Homepage, um meine Kurse auch überregional bekannt zu machen.«

»Ich beginne noch heute die Recherche und bewerbe mich auf die nächste offene Stelle als Projektmanager innerhalb meines Unternehmens, bei der ich für mindestens ein Jahr in Singapur oder Hongkong eingesetzt werde.«

Wenn Sie noch mehr als ein Ziel formuliert haben, prüfen Sie bitte, ob sich Ihre Ziele auf sinnvolle Weise kombinieren lassen. Manchmal entsteht aus drei Zielen, die auf den ersten Blick wenig miteinander zu tun haben, ein neues spannendes Berufsbild oder die verschiedenen Möglichkeiten ergänzen sich.

Beispiel: Elisabeth ist viele Jahre im Marketing von kleinen und mittleren Unternehmen tätig gewesen. Ihre Arbeit macht ihr Spaß, bietet ihr aber schon seit längerer Zeit keine Herausforderung mehr, sodass sie begonnen hat, sich in verschiedenen Bereichen fortzubilden. Die drei Aspekte ihrer Berufung sind, Menschen darin zu unterstützen, erfolgreich zu sein, Menschen dabei zu unterstützen, sich selbst zu vermarkten, und Wohnungen zu verschönern. Schnell sind die beruflichen Möglichkeiten für sie klar. 1. Ein eigenes Netzwerk gründen, 2. Menschen im Bereich Erfolg beraten und 3. Feng Shui Beratungen für Firmen und Einzelpersonen anbieten. Durch das eigene Netzwerk, das sie inzwischen gegründet hat, lernt sie genug Menschen kennen, die ihre Beratung sowohl im Bereich Marketing als auch Business-Feng-Shui benötigen und sie gerne weiterempfehlen. Ein Weg allein wäre ihr nicht genug gewesen, jetzt kann sie alle gleichzeitig leben und ihr Leben ist so bunt, wie sie es sich immer gewünscht hat.

Wenn Sie Verantwortung für eine Familie tragen oder andere finanzielle Verpflichtungen erfüllen müssen, entscheiden Sie sich hier ruhig für das Ziel, das Ihnen am realistischsten erscheint oder das Sie wahrscheinlich am einfachsten umsetzen können. Natürlich können Sie sich auch für das Ziel entscheiden, mit dem Sie am schnellsten Geld verdienen, um sich die Basis zum Beispiel für die Selbstständigkeit zu schaffen, Ihren Lebensmittelpunkt zu verlagern oder zu heiraten. Alles, was Sie hier für sich definiert haben, müsste Ihnen und Ihrer Berufung entsprechen und Sie glücklich machen. Deshalb ist die Reihenfolge der Ziele und ob Sie eines oder alle Ihrer möglichen Ziele verfolgen, nicht mehr so sehr von Bedeutung. Um nun aber ganz sicherzugehen, dass Ihre Ziele Sie wirklich glücklich machen, nutzen Sie jetzt den Wunderbar-Test.

Der Wunderbar-Test: Ganzheitliche Zielüberprüfung

Erinnern Sie sich an die schöne Fee aus der Übung im Karriere-Navigator? Angenommen, diese Fee käme nun wieder durchs Fenster hereingeschwebt, berührte Sie mit ihrem Zauberstab und Ihr Wunsch ginge in Erfüllung. Stellen Sie sich genau vor, wie es Ihnen geht und wie es sich anfühlt, wenn Sie Ihr Ziel leben:

- Fühlen Sie sich entspannt, glücklich, befreit und voller Energie?
- Macht es Sie in jeder Hinsicht zufrieden oder ginge es vielleicht noch besser?
- Und wenn Sie sicher sind, dass Ihr Ziel das Richtige für Sie ist, ist es auch gut für die Menschen in Ihrer direkten Umgebung? Für Ihre Familie? Ist es zum Wohle aller? Wie könnten Sie es verändern, damit es zum Wohle aller ist? Ist das überhaupt möglich?

- Ist es wirklich realistisch? Allein erreichbar? Und interessant genug, um Sie dauerhaft zu motivieren?
- Sind die wichtigsten Aspekte Ihrer Persönlichkeit und Ihrer Berufung in diesem Ziel erfüllt? Gibt es einen Teil, den Sie verändern könnten, damit Sie noch zufriedener sind?

Möglicherweise sind Sie nicht sicher, ob Sie von dem, was Sie für sich als berufliches Ziel definiert haben, tatsächlich leben können, und ob die Welt braucht, was Sie anzubieten haben. Ich komme an dieser Stelle noch einmal zur Definition vom Anfang dieses Buches zurück. Wozu sollten Sie mit Ihren ganz eigenen, individuellen und wunderbaren Anlagen ausgestattet sein, wenn Sie nicht auch die Chance hätten, davon Ihren Lebensunterhalt zu bestreiten? Es wäre Verschwendung! Es gibt so viele Beispiele von Menschen, die mit den verrücktesten Ideen die Welt erobert oder sich als Selbstversorger aufs Land zurückgezogen haben und von dem leben, was sie selbst produzieren und verkaufen, und dabei glücklich sind. Das Wichtigste, das Sie brauchen, um Ihre Berufung zu leben, ist – neben einem guten Plan – der Glaube an sich selbst!

Geben Sie Ihren Zielen Energie!

Nun haben Sie Ihre Ziele festgelegt und mit der Wunderbar Methode überprüft. Sie wissen, was Sie wollen und wie das Leben, das Ihnen entspricht, aussehen soll. Um dieses Wissen im Inneren und Äußeren zu verankern, erstellen Sie jetzt eine Zielbild-Collage, also eine bildliche Darstellung von dem, was Sie erreichen wollen. Nehmen Sie sich ein paar Stunden Zeit, einen möglichst großen Fotokarton, eine Schere, Klebstoff und fünf bis zehn Magazine und Zeitschriften. Gehen Sie Ihre Ziele und Visionen für die vier Bereiche Ihres Lebens noch einmal durch, blättern Sie durch die Zeitschriften und schneiden Sie alle Bilder oder Symbole aus, die Ihre Ziele repräsentieren. Kleben Sie die Bilder auf Ihren Fotokarton und gestalten Sie so ein Bild vom Leben, von dem Job und den Umständen, die Sie glücklich machen. Den Teilnehmern meiner Seminare macht diese Übung immer besonders viel Spaß. Und für mich ist es schön, die ganzen eifrigen Gesichter und roten Bäckchen zu beobachten, wenn sie sich, zum Teil zum ersten Mal seit Schul- oder Kindergartenzeiten, wieder einer solchen Tätigkeit widmen. Gehen Sie die Sache locker an und haben Sie Spaß dabei! Umso positiver und motivierender wird Ihr Bild.

Eine Sache ist dabei allerdings ganz wichtig: Wählen Sie nur solche Bilder aus, die das ausdrücken, was Sie erreichen wollen. Also wenn Sie zum Beispiel das Rauchen aufgeben wollen, nehmen Sie keine Zigarette, die Sie dann durchstreichen, sondern finden Sie ein Motiv, dass Sie als glücklichen und gesunden Menschen darstellt. Das Unterbewusstsein arbeitet und funktioniert ausschließlich über Bilder und versteht weder das Wort »nicht« noch etwas Durchgestrichenes. Wenn Sie die Zigarettenpackung auf Ihrer Collage haben, können Sie sie so oft durchstreichen, wie Sie wollen. Ihr Unterbewusstsein wird weiterhin die Zigarette erkennen und versuchen, sie in Ihrem Leben zu halten, was sich wahrscheinlich nicht förderlich auf Ihr Ziel, das Rauchen aufzugeben, auswirken wird. Ihr Unterbewusstsein soll Sie doch bei der Erfüllung Ihrer Ziele unterstützen und nicht das Gegenteil von dem bewirken, was Sie wollen. Also nehmen Sie bitte *nur* schöne Bilder für Ihre Collage!

Wenn Sie auf den Geschmack gekommen sind, können Sie zusätzlich zu dieser Berufungs-Collage auch Collagen für Ihre Ziele für ein Jahr oder einige Monate erstellen. Ich selbst mache solche Collagen regelmäßig, seit ich zwölf Jahre alt bin, und erneuere sie immer, wenn ich spüre, dass die Bilder ihre motivierende Kraft verlieren. Nicht alle Ziele erfüllen sich und werden realisiert, manche werden im Laufe der Zeit weniger wichtig oder durch neue ersetzt. Wenn ich aber zurückblicke, habe ich mehr als 90 Prozent meiner Ziele tatsächlich realisiert – zum Teil ganz genau – so, wie es meine Collagen zeigten. Seien Sie also sorgsam in der Auswahl der Bilder; der Partner Ihrer Träume könnte sonst im wahren Leben genauso aussehen, wie Sie ihn »geklebt« haben.

Wenn Sie mit Ihrer Collage glücklich sind und Sie ihre motivierende Kraft spüren, sollten Sie sie natürlich auch so oft wie möglich sehen können. Hängen Sie sie also an einem Ort auf, an dem Sie sich häufig aufhalten, oder nehmen Sie sie jeden Abend vor dem Schlafengehen zur Hand und ihre Bilder mit in Ihre Träume. Dann kann Ihr Unterbewusstsein noch im Traum für Sie aktiv sein.

Sie können zusätzlich auch noch ein visuelles Symbol auswählen, das Sie immer wieder an Ihre Ziele erinnert und Ihnen Mut macht. Ein Gegenstand, ein Stein oder ein Spruch als Bildschirmschoner auf Ihrem PC (auf meinem Rechner erscheint: »Mein Wunder ist schon unterwegs«, ein Spruch, der mir jedes Mal ein Lächeln auf das Gesicht zaubert, wenn ich ihn sehe). Stellen Sie sich vor, wie Sie Ihre Ziele erreicht haben und das Leben Ihrer Träume leben, und betrachten Sie dabei Ihr Symbol oder nehmen Sie es in die Hand. Je öfter Sie das tun, desto mehr übernimmt Ihr Symbol die Energie Ihres Ziels und jedes Mal, wenn Sie es ansehen, motivieren Sie sich unbewusst aufs Neue.

Projektplanung leicht gemacht

Viele Menschen schrecken vor der gründlichen Planung beim Schritt von der Berufung zum Beruf zurück und sind der Meinung, dass es sich schon irgendwie von selbst ergeben wird. Leider funktioniert das aber nur, wenn man gelernt hat, in jedem Moment der Entscheidung, und sei sie noch so klein, auf die leise innere Stimme zu hören, die den richtigen Weg kennt. Wenn Sie sich das bereits zutrauen, können Sie gerne die Planung Ihrer Zukunft Ihrer inneren Stimme überlassen. (Ich gratuliere Ihnen dann von Herzen und zutiefst beeindruckt!) Die meisten Menschen tun allerdings gut daran, sich für die Planung ihres zukünftigen (Berufs-)Lebens ausreichend Zeit zu nehmen und die Ergebnisse des Karriere-Navigator und die übrigen Erkenntnisse aus diesem Buch als »äußere« innere Stimme zu nutzen.

Keine Angst, Sie bekommen jetzt keinen Einführungskurs in Projektmanagement. Der Titel dieses Kapitels lautet »Projektplanung leicht gemacht« und so wird es auch sein. Es gibt nur sieben Punkte, die Sie bei der Projektplanung unbedingt beachten sollten:

1. Formulieren Sie ein Hauptziel.
2. Entwickeln Sie aus Ihrem großen Ziel viele kleinere Teilziele, bis sie handliche »Arbeitspakete« haben.
3. Legen Sie Meilensteine fest, also wichtige Zwischenschritte, an denen Sie Ihren Erfolg erkennen können.

4. Machen Sie sich klar, welche Hindernisse Ihnen begegnen könnten.
5. Überlegen Sie sich, wie Sie die Wahrscheinlichkeit für das Auftreten dieser Hindernisse oder Störungen schon im Vorfeld reduzieren können.
6. Setzen Sie sich einen Termin, bis wann Sie Ihr großes Ziel erreicht haben wollen.
7. Machen Sie den ersten Schritt!

Wenn Ihr Ziel eine berufliche oder private Veränderung ist, nehmen Sie sich die Zeit, darüber nachzudenken, was Sie im Zusammenhang mit der geplanten Veränderung in Ihrem Leben alles beachten müssen. Wenn Sie sich zum Beispiel entschieden haben, in Zukunft als Meeresbiologin arbeiten zu wollen, werden Sie vielleicht umziehen müssen, Ihre Freunde zurücklassen, weniger Geld verdienen und Ihr Auto verkaufen. Machen Sie sich klar, was für zusätzliche Arbeiten dadurch auf Sie zukommen: eine neue Wohnung finden, den Umzug planen, ein Unternehmen dafür beauftragen, den Keller entrümpeln, Sperrmüll anmelden, Überflüssiges auf dem Flohmarkt verkaufen, eine Abschiedsparty planen und so weiter. Die neue Stelle zu finden scheint da auf den ersten Blick das Leichteste zu sein. Wichtig bei diesen Überlegungen ist, dass Sie sich die Tätigkeiten und Aufgaben, die mit Ihrer Veränderung in Zusammenhang stehen, bewusst machen. Wenn Ihnen etwas bewusst ist, können Sie planen und klare Entscheidungen treffen. Solange Sie es nur als diffuse Ahnung im Hinterkopf haben, wirkt es sich lähmend aus und raubt Ihnen Energie. Schreiben Sie darum bitte auf, was Sie bei Ihrer geplanten Veränderung alles bedenken müssen.

Falls Sie im Moment noch nicht sicher sind, mit welchem Ziel Sie beginnen wollen, fangen Sie einfach mit irgendeinem an. Sie werden schnell merken, ob es das sinnvollste ist. Jeder Schritt, den Sie jetzt tun, bringt Sie näher zum Beruf und den Lebensumständen, die Sie glücklich machen. Indem Sie Ihre Ziele genau planen, erhöhen Sie nicht nur die Wahrscheinlichkeit, sie zu erreichen, sondern auch die Chance für andere, Sie zu unterstützen. Nur wenn Sie benennen können, welcher Kontakt Ihnen nützlich sein kann, wie viel Geld Sie brauchen werden und welche Weiterbildung Sie machen möchten, sind Sie offen für die Informationen in und aus Ihrer Umwelt. Können Sie sich noch an Ihren letzten Autokauf erinnern? Bestimmt haben Sie plötzlich an jeder Ecke Autos von dem Typ und der Farbe gesehen, für die Sie sich entschieden haben. Oder wenn Sie ein Kind erwarten, sehen Sie plötzlich an jeder Ecke eine schwangere Frau oder einen Kinderwagen.

Formulieren Sie deshalb bitte jetzt Ihr (wenn auch vorläufiges) großes Hauptziel, das Sie planen wollen, und halten Sie es schriftlich in Ihren Unterlagen fest.

Für alle weiteren Schritte bietet sich ebenfalls die Methode des Brainstormings an. In all den Jahren meiner Coaching-Tätigkeit habe ich kein besseres Instrument kennengelernt, um auf möglichst viele brauchbare Ideen zu kommen. Sie können es allein machen, mit Freunden oder eine Brainstorming-Party veranstalten, bei der jeder mit seinem individuellen Thema an die Reihe kommt. Ihrer Fantasie sind keine Grenzen gesetzt. Ich selbst habe sogar schon einmal mit einer Zugbekanntschaft ein Brainstorming gemacht und wunderbare Ideen daraus für mich mitgenommen. Wichtig ist, dass Sie während des Brainstormings nur kreativ arbeiten und Ideen sammeln; die kritische Betrachtung folgt wie immer später. Wenn Sie möglichst viele Ideen beisammen haben, sortieren Sie die völlig verrückten aus, bewerten die übrigen nach Machbarkeit und Wichtigkeit und benennen am Ende Ihre konkreten Teilziele. Erreichte Teilziele motivieren dazu, weiterzumachen, denn jeder Erfolg, und sei er noch so klein, zieht wieder Erfolg nach sich und gibt Ihnen Kraft für Ihren nächsten Schritt.

Angenommen, Sie wollen einen eigenen Friseursalon eröffnen, dann könnten die Ergebnisse Ihres Brainstormings nach dem Aussortieren für die nächsten Schritte so aussehen:

- Informationen über Mitbewerber sammeln
- Wettbewerbsvorteil überlegen, zum Beispiel Haare waschen im Liegen, Haare schneiden bei Vollmond oder Haar- und Psychoservice für die Braut
- Anhand von Einwohner- und Mitbewerberzahl Entscheidung für die beste Location treffen
- Seminar für Existenzgründung besuchen
- Mit dem Steuerberater sprechen
- Unternehmenskonzept entwickeln
- Kredit beantragen
- Laden mieten
- Einrichtung auswählen
- Laden renovieren
- Mitarbeiter einstellen
- Werbung machen
- Eröffnungstermin festlegen
- Pressemitteilung
- Outfit für Eröffnungsparty kaufen
- Eröffnungsparty

Natürlich verbergen sich hinter jedem Teilziel eine Menge kleinerer Unterziele. In »Laden mieten« kann stecken: Makler anrufen, Zeitungen besorgen, Freunde und Bekannte fragen, Annonce schalten, verschiedene Läden besichtigen, Entscheidung treffen, Vertrag verhandeln, Vertrag unterschreiben und so weiter. Für jedes Ihrer Teilziele überlegen Sie sich bitte Unterziele und schreiben sie auf. Ich habe mir angewöhnt, alle Ideen im PC zu notieren, die Listen auszudrucken, aufzuhängen und alles durchzustreichen, was ich geschafft habe. So behalte ich die Übersicht und kann die Listen leicht aktualisieren und überarbeiten, wenn sich etwas ändert. Natürlich können Sie Ihre Listen auch von Hand schreiben oder als Mindmap erstellen. Wichtig ist, dass Sie ein System finden, mit dem Sie sich optimal unterstützen und Ihre Ziele visualisieren können.

Welches sind also die Teilziele auf Ihrem Weg? Was müssen und wollen Sie alles tun, um Ihr Ziel zu erreichen? Und welche Unterziele verbergen sich hinter den einzelnen Teilzielen? Notieren Sie bitte Ihre Überlegungen.

Wenn Sie nun Ihre Ziele in Teilziele und Unterziele in die kleinstmöglichen Arbeitspakete heruntergebrochen haben, sortieren Sie sie nach Wichtigkeit, schätzen Sie die Dauer der einzelnen Aufgaben und legen einen Termin für die Erledigung fest. Aus meiner Erfahrung heraus rate ich Ihnen, lieber etwas mehr Zeit für die einzelnen Schritte einzuplanen. Aufgaben, die auf den ersten Blick unscheinbar aussehen, können in der Praxis deutlich mehr Zeit in Anspruch nehmen, als man denkt. So könnte die Suche nach dem geeigneten Laden statt drei Monate schließlich ein halbes Jahr oder länger dauern und damit Ihr gesamtes Projekt gefährden.

Nun legen Sie Meilensteine fest, wichtige Teilziele, die bis zu einem bestimmten Termin erreicht sein müssen und an denen Sie erkennen können, ob Sie noch »im Plan« sind. Bei der Eröffnung des Friseursalons können zum Beispiel die Erstellung des Unternehmenskonzepts, die Bewilligung des Kredits und die Anmietung des geeigneten Ladens wichtige Meilensteine sein, von deren termingerechter Erreichung der Erfolg des gesamten Projekts abhängt. Bitte finden Sie jetzt in Ihren Teilzielen die drei wichtigsten Meilensteine und schreiben Sie sie auf.

Dazu versehen Sie Ihre Meilensteine jeweils mit dem Termin, an dem Sie sie spätestens erledigt haben müssen, um Ihr Ziel zu erreichen. Planen Sie dabei ausreichend Puffer für Unvorhergesehenes ein.

Beispiel: Anton war viele Jahre erfolgreich als Abteilungsleiter im Vertrieb tätig und hat während dieser Zeit sehr viele Weiterbildungen im Bereich Persönlichkeitsentwicklung und Führung besucht. In seiner Position als Abteilungsleiter ist er viel mit administrativen Aufgaben beschäftigt und bekommt seine Mitarbeiter nur selten zu Gesicht. Im Coaching wird ihm klar, dass er seine Zukunft darin sieht, mehr mit und für Menschen zu arbeiten, und er entscheidet sich dafür, seine Position zu wechseln und eine neue als Trainer und Coach für Vertriebsmitarbeiter zu suchen. Sein Ziel ist, innerhalb der nächsten zwölf Monate eine Stelle bei einem Trainingsinstitut zu finden und sein aktuelles Jahresgehalt um 20 Prozent zu steigern. Teilziele für ihn sind unter anderem:

- Die Recherche von allen Anbietern von Vertriebstrainingsmaßnahmen im Umkreis von 200 Kilometern und das Anfordern von Informationen von den entsprechenden Unternehmen
- Persönliche Kontaktaufnahme mit mindestens drei Trainern, die in diesem Bereich schon aktiv und erfolgreich sind
- Die Aktivierung seiner persönlichen Kontakte aus dem Bereich Vertrieb, um eine persönliche Empfehlung oder einen direkten Kontakt und so viel Informationen wie möglich über seine potenziellen Arbeitgeber zu erhalten
- Bewerbungen für die Unternehmen formulieren, die für ihn als Arbeitgeber infrage kommen

- Versand der Bewerbungen
- Bewerbungsgespräche führen
- Gehaltsverhandlung
- Vertrag abschließen
- Neue Stelle antreten

Antons wichtigste Meilensteine sind der Abschluss seiner Recherche, der Versand der Bewerbungen und die Unterzeichnung des Vertrags. Seine ersten drei Schritte sind 1. Recherche geeigneter Unternehmen im Internet, 2. Gespräch mit einem ehemaligen Mitarbeiter, der bereits als Trainer arbeitet, 3. Erstellung einer Liste von den Menschen, die er bei seiner Stellensuche unbedingt ansprechen möchte.

Welches sind Ihre drei ersten Schritte und bis wann wollen Sie sie getan haben? Fixieren Sie sie bitte schriftlich.

1. ______________________________

____

______________ Erreicht bis: ______________

2. ______________________________

____

______________ Erreicht bis: ______________

3. ______________________________

____

______________ Erreicht bis: ______________

Es ist sehr wichtig, dass Sie den ersten Schritt, wenn möglich, in den nächsten drei Tagen tun. Sonst haben Ihr innerer Kritiker und Ihr Verstand zu viel Zeit, um Ihre Pläne zu torpedieren und infrage zu stellen. Je eher Sie beginnen, desto besser!

Was könnte bei der Umsetzung alles schiefgehen oder Ihnen in die Quere kommen? Im Projektmanagement ist das bewusste Risikomanagement einer der Hauptfaktoren für den Erfolg eines Projekts. Wer seine »Gegner« kennt, kann sie beobachten und eine Gefahr rechtzeitig erkennen. Die Affirmation »Wird schon klappen« ist an dieser Stelle nicht empfehlenswert. Risikomanagement bedeutet nicht, pessimistisch zu sein oder schwarzzusehen, aber es ist unbedingt nötig, dass Sie sich mit potenziellen Hindernissen auseinandersetzen und sich rechtzeitig Strategien für den Umgang mit ihnen überlegen. Hindernisse und Schwierigkeiten gibt es immer – manche sind weniger bedeutsam, andere schwerwiegender. Sie werden nicht vermeiden können, Fehler zu machen und (hoffentlich) aus ihnen zu lernen. Mit gründlicher Planung können Sie aber die Schwierigkeiten, die auftauchen könnten, deutlich reduzieren.

Bitte überlegen oder, besser, brainstormen Sie jetzt: Welche Hindernisse könnten Ihnen auf Ihrem Weg zum Ziel begegnen? Was könnte alles schiefgehen? Denken Sie an potenzielle Hindernisse auf dem Weg zu Ihrer Berufung, die ich im ersten Teil des Buches beschrieben habe. Zum Beispiel könnte Ihr Partner sich zurückgesetzt fühlen, weil Sie Ihre Aufmerksamkeit für eine gewisse Zeit mehr auf Ihren neuen Weg richten und weniger Zeit für Ihre Beziehung haben. Hier hilft es, die Bedenken anzusprechen und klare Vereinbarungen für »Beziehungsräume« zu treffen – und diese dann natürlich auch einzuhalten. Oder Sie haben Angst, Ihre Eltern zu enttäuschen, und versuchen, Ihre Veränderung irgendwie zu verheimlichen. Das würde eine Menge Energie kosten und Ihren Zielen im Wege stehen. Oder Sie fürchten, dass Sie mit Ihrer Idee auf dem Markt scheitern könnten oder dass Sie den Kredit von der Bank nicht bekommen, was nachfolgende Schritte unmöglich macht. Oder Sie finden im von Ihnen geplanten Zeitraum keine neue Stelle und Ihr Geld geht zur Neige.

Welche Hindernisse könnten Ihnen auf Ihrem Weg zum Ziel begegnen? Was könnte alles schiefgehen? Bitte notieren Sie wieder Ihre Antworten.

Wenn Sie das Gefühl haben, alle potenziellen Schwierigkeiten und Hindernisse erkannt zu haben, fragen Sie sich bei jedem einzelnen Punkt, wie wahrscheinlich es ist, dass er eintritt. Sortieren Sie dann Ihre Antworten nach der Wahrscheinlichkeit. Dass die Bank Ihnen den gewünschten Kredit verweigert, könnte zum Beispiel eine höhere Wahrscheinlichkeit haben, als dass Ihr Partner Ihnen die nötige Unterstützung verweigert. Überlegen Sie sich Strategien, um die Hindernisse mit hoher Wahrscheinlichkeit zu verhindern oder ihre Auswirkungen zu reduzieren. Wenn Sie zum Beispiel befürchten, dass die Bank Ihnen Ihren Kredit verweigert, könnten Sie sich von Anfang an Gedanken über andere Möglichkeiten machen, zu Geld zu kommen. Einen Kredit bei Freunden aufzunehmen, sich Ihr Erbe vorzeitig auszahlen zu lassen oder notfalls Ihre Lebensversicherung aufzulösen. Entscheidend ist, dass Sie nicht aus allen Wolken fallen und Ihre Pläne aufgeben, wenn die Bank tatsächlich »Nein« sagt, sondern mit Plan B in der Tasche unbeirrt Ihren Weg weitergehen können. Allerdings kann ich Sie beruhigen: Die Menschen, die ihre Berufung gefunden haben und zum Beruf machen, verfügen über diese ganz besondere Ausstrahlung, mit der sie andere von ihren Plänen begeistern und mitreißen können – sogar den Mitarbeiter der Kreditabteilung (vorausgesetzt, sie haben neben Charisma auch einen guten Businessplan mitgebracht).

Die Bewältigung der möglichen Hindernisse und Risiken, die eine hohe Auftretenswahrscheinlichkeit besitzen, gehören nun selbstverständlich ebenfalls auf Ihren Projektplan. An manchen Hindernissen können Sie nichts ändern, damit müssen Sie leben (wobei ein gewisses Gefühl von Risiko ganz sinnvoll sein kann, um die nötige Energie zu haben, an den richtigen Stellen »Gas zu geben«). Aber um alle Hindernisse, die Sie beeinflussen können, sollten Sie sich rechtzeitig kümmern.

Nehmen Sie jetzt noch einmal Ihr Hauptziel, Ihre kleinen Teilziele und Ihre Meilensteine zur Hand und überlegen Sie: Bis wann wollen Sie Ihr großes Ziel erreicht haben? Was ist unter Berücksichtigung aller möglichen Hindernisse ein realistischer, aus Ihrer eigenen Kraft erreichbarer Termin?

Auf Spielplätzen gibt es oft Karusselle, in die man sich hineinsetzt und dann in der Mitte durch Drehen eines Rades zum Laufen bringt. Das ist am Anfang furchtbar mühsam und anstrengend, aber wenn das Karussell einmal in Schwung ist, braucht man nur noch ab und zu nachzuhelfen und kann die schnelle Fahrt genießen. So ist es auch auf Ihrem Weg zum Ziel. Die ersten Schritte sind oft die mühsamsten, aber wenn Sie erst in Schwung gekommen sind, gehen viele Dinge wie von selbst und jedes erreichte kleine Teilziel gibt Ihnen wieder den nötigen Schwung, um weiterzugehen.

Entscheiden Sie sich deshalb *jetzt* für Ihren ersten Schritt, legen Sie dieses Buch zur Seite und machen Sie sich auf den Weg!

Wer, wenn nicht Sie?

Sie haben Ihre Berufung gefunden, sich für Veränderungen in Ihrem Leben entschieden, klare Ziele definiert, einen Projektplan erstellt, Meilensteine festgelegt, mögliche Risiken im Vorfeld erkannt und, wenn möglich, beseitigt. Wahrscheinlich sind Sie voller Euphorie und können es kaum erwarten, Ihr Ziel zu erreichen und das Leben Ihrer Träume zu leben. Natürlich kann jetzt aber immer noch eine ganze Menge dazwischenkommen. Im ersten Teil dieses Buches hatte ich bereits auf einige mögliche Hindernisse hingewiesen, die es Ihnen schwer machen können, Ihre Berufung zu finden. Wenn Sie etwas davon für sich als Risiko identifiziert haben, haben Sie bereits erste Schritte unternommen, um diese Risiken zu reduzieren oder auch ganz auszuschalten. Zu diesen bereits bekannten Hindernissen (Bequemlichkeit, Angst vor Misserfolg, Angst vor Erfolg, Angst, unsere Freunde, Eltern, Partner zu verlieren oder zu enttäuschen) können jetzt, da Sie Ihre Berufung gefunden haben und es darum geht, sie in Ihrem Leben zum Ausdruck zu bringen, noch weitere Punkte dazukommen:

- Sie haben Angst vor der Veränderung an sich.
- Sie glauben, es fehlt Ihnen an der nötigen fachlichen Qualifikation für Ihren Weg.
- Sie schieben den ersten Schritt in Ihrem Projektplan immer wieder hinaus.
- Sie finden »einfach nicht genug Zeit«, um Ihre Ziele aktiv zu verfolgen.

Es wird nicht ganz einfach sein, aber zum Glück gibt es ein paar Tricks, wie Sie es trotzdem schaffen können. Und außerdem lassen Ihre Ängste nach und Sie erleben das höchst befriedigende Gefühl, ganz und gar im Einklang mit sich selbst zu sein, sobald Sie sich beherzt auf den Weg gemacht haben. Denken Sie bitte auch ein letztes Mal daran, was Sie erwartet, wenn Sie nicht wagen, Ihrer Berufung zu folgen, und Sie genau dort bleiben, wo Sie sind. Ist das der bessere Weg? Sie haben die Wahl.

So unterstützen Sie sich selbst

Wie Sie mit offensichtlichen Risiken auf Ihrem Weg umgehen können, haben Sie bereits erfahren. Für die eher diffusen Hindernisse, schwer greifbaren Widerstand und die Dinge, die Sie nicht ändern können, gibt es zwei Herangehensweisen: Die eine Möglichkeit ist, sich intensiv mit den Gründen für den inneren oder äußeren Widerstand zu beschäftigen und zu versuchen, sie aufzulösen. Das können falsche Überzeugungen, innere Blockaden, festgefahrene Gewohnheiten oder (un-)berechtigte Ängste sein. Diese Auflösung ist schwierig, manchmal nur mithilfe eines guten Therapeuten zu schaffen und dauert oft sehr lange. Es kann Sie daher sogar eher von Ihrem Ziel abbringen, als Sie darin zu bestärken. Deshalb setzen wir uns damit hier nicht weiter auseinander. Wenn Sie auf Ihrem Weg weiter fortgeschritten sind und sich dann noch immer mit dieser Herangehensweise beschäftigen wollen, können Sie es jederzeit tun. Sie können sich über Ihre Ängste hinwegsetzen, indem Sie sich fragen, was das Schlimmste ist, das Ihnen auf Ihrem Weg zum Ziel passieren kann. Und dabei belassen Sie es und gehen weiter.

Die andere Möglichkeit ist, Ihr Unbehagen einfach zu ignorieren und trotzdem Ihren Weg zu gehen. Egal, welches die Gründe für Ihr Zögern sind, wenn Ihr Stein erst einmal ins Rollen gekommen ist, kann Sie so schnell nichts mehr aufhalten. Auch Angst zu haben ist vollkommen in Ordnung, denn wir alle haben Angst. Erfolgreiche Menschen haben aber den Mut, sich darüber hinwegzusetzen und Ihren Weg trotzdem zu gehen. Und genau darum geht es jetzt. Alles, was nun folgt, kann Sie dabei unterstützen, Ihren Weg »trotzdem« zu gehen. Selten sind die Schwierigkeiten, von denen meine Kunden annehmen, dass sie sie auf dem Weg zum Ziel behindern werden, auch die, die tatsächlich eintreten. Ist das erste Hindernis aus dem Weg geräumt, taucht meist das nächste auf, das bisher noch gar nicht bedacht wurde. Es reicht, sich mit Hindernissen zu beschäftigen, wenn sie tatsächlich auf Ihrem Weg zum Ziel auftauchen, Sie müssen sie nicht auch noch herbeirufen. Machen Sie stattdessen einfach Ihren ersten Schritt:

- Nutzen Sie optimales Zeitmanagement mit den goldenen Drei.
- Schaffen Sie Platz für das Neue in Ihrem Leben.
- Nutzen Sie die Liste der Ausdrucksmöglichkeiten Ihrer Berufung in allen Bereichen Ihres Lebens.
- Nutzen Sie die Liste Ihrer Glücklichmacher.
- Holen Sie sich Unterstützung von anderen.
- Netzwerken Sie erfolgreich.
- Hören Sie auf Ihre innere Stimme.
- Lassen Sie los.
- Achten Sie auf Synchronizitäten.
- Feiern Sie Ihre Erfolge.

Optimales Zeitmanagement mit den goldenen Drei

In den Kinderschuhen des Zeitmanagements freuten sich vor allem Manager über die Methoden, um in noch kürzerer Zeit noch mehr Dinge noch effektiver bearbeiten zu können, um dann noch mehr Zeit für noch mehr andere Dinge zu haben, die ihnen noch mehr Arbeit machten. Darum soll es hier natürlich nicht gehen. Ich möchte Sie aber ausdrücklich ermuntern, sich ein eigenes, für Sie passendes Zeitmanagement-System zuzulegen. Vielleicht haben Sie bereits einen Kalender, in den Sie Ihre beruflichen und/oder privaten Termine eintragen. Möglicherweise nutzen Sie bereits eines der vielen PC-Programme oder Sie haben einen Kalender in Ihrem Hightech-Handy. *Wo* Sie Ihre Termine notieren, ist weniger von Bedeutung, wichtig ist, *dass* Sie sie notieren. Wenn Sie also schon ein gut funktionierendes System haben, nutzen Sie es weiter. Dort eingetragene Termine werden eingehalten oder zumindest erinnert und bewusst verschoben. Was nicht aufgeschrieben ist, wird oft im Eifer des Alltags einfach vergessen. Die meisten Menschen neigen allerdings dazu, nur ihre beruflichen Termine und ihre privaten Verabredungen in ihrem Kalender zu notieren. Aber was ist mit Ihren Verabredungen mit sich selbst? Wie oft steht in Ihrem Kalender »eine Stunde lesen«, »einen Spaziergang machen« oder »Massagetermin«? Wie oft steht darin, »eine halbe Stunde entspannen«, »zehn Minuten tagträumen« oder zur Erholung von der Bildschirmarbeit am PC »Augengymnastik machen«?

Die meisten Menschen, die sich schwer damit tun, ihren eigenen Weg zu gehen, sind es nicht gewöhnt, sich bewusst um sich selbst zu kümmern. Gerade darum geht es aber beim Leben Ihrer Berufung: In jedem Augenblick das zu tun, was Ihnen und Ihrer Berufung am ehesten entspricht und Sie am besten zu Ihrem Ziel bringt. Und dazu gehört vor allem, dass Sie auf sich selbst, Ihre Gesundheit und Ihr Wohlergehen achten. Oder glauben Sie, dass Sie all die tollen Anlagen und Fähigkeiten bekommen haben, um sich zu verausgaben? Also beginnen Sie am besten gleich und tragen Sie bewusst Zeiten für Entspannung, Erholung und Genuss in Ihren Terminkalender ein.

Ich habe mir angewöhnt, an allen Wochenenden, an denen ich keine Workshops leite, mit einem dicken Filzstift FREI in meinen Kalender zu schreiben. Es kommt natürlich trotzdem oft vor, dass ich sonntags arbeite, aber zumindest sind diese Sonntage dann nicht mit zehn verschiedenen Aufgaben gespickt, sondern ich erledige nur ausnahmsweise Dringendes. Probieren Sie es aus, ich bin sicher, dass es auch für Ihr Leben hilfreich sein kann!

Wenn Sie Ihre Ziele erreichen wollen, müssen diese erstens hoch genug sein, um Sie zu motivieren und anzuspornen, und zweitens so niedrig, dass Sie auch tatsächlich eine Chance haben, sie zu erreichen, sonst fangen Sie nämlich gar nicht erst an. In der Psychologie nennt man das „das optimale Anspruchsniveau«. Das richtige Maß herauszufinden kann eine Weile dauern, aber es gibt eine gute Methode, um Sie dabei zu unterstützen. Für Ihren Weg zum Ziel haben Sie sich bei Ihrer Projektplanung viele kleine Teilziele gesetzt und mit Terminen versehen. Und natürlich haben Sie die Termine, an denen Sie diese Ziele erreicht haben wollen, in Ihren Terminkalender eingetragen. Aber wann werden Sie diese Dinge tun? Allein durch das Eintragen in Ihrem Kalender haben Sie sich ja noch nicht mit der Umsetzung beschäftigt.

Ich habe für mich selbst eine Methode entwickelt, die auf den ersten Blick etwas aufwendig aussieht, sich aber bestens bewährt hat. Die meisten Menschen – außer manche wirklich gut organisierten Manager und Mütter – haben nur einen großen Terminkalender, in den sie ihre Termine einmal eintragen. Ich habe nicht nur einen Terminkalender für das Jahr, sondern noch drei weitere: einen für jeden Monat, einen für jede Woche und einen für jeden einzelnen Tag. Ich beginne damit, mir alle Ziele für das kommende Jahr zu notieren (meist beim Jahreswechsel, aber natürlich können Sie jederzeit damit beginnen). Dann entscheide ich, in welchem Monat ich welche Teilziele erreicht haben will, und trage sie in der entsprechenden Monatsübersicht ein. Jeweils am Ende eines Monats übertrage ich dann die zu erreichenden Teilziele für den nächsten Monat auf meine Wochenpläne. Größere Teilziele lege ich in einen Zeitraum, in dem ich etwas weniger feste Workshop- und Ausbildungstermine geplant habe, und kleinere verteile ich gleichmäßig über den Monat. Das Gleiche mache ich am Ende jeder Woche für die kommende Woche und am Ende jeden Tages für den kommenden Tag.

Die Termine zur Kontrolle meiner Ziele trage ich ebenfalls ein. Wenn ich den nächsten Tag, die nächste Woche oder den nächsten Monat plane, nutze ich die Gelegenheit, um zu überprüfen, ob ich meine Ziele erreicht habe, und falls nicht, um mir klar zu werden, woran es gelegen hat. Dann vergebe ich einen neuen Termin für das Erreichen des Ziels.

Wenn Sie diese Methode für Ihre Zielplanung ebenfalls nutzen möchten, kommt jetzt noch das Entscheidende: die goldenen Drei. Um die Dinge, die für Ihre Berufung und den Job, der Sie glücklich macht, die wichtigsten sind, auch wirklich zu tun, schreiben Sie die drei wichtigsten Prioritäten für den einzelnen Tag, die Woche, den Monat und das Jahr auf und legen Sie Ihre anderen Termine drum herum. Nur so planen Sie für die wichtigsten Dinge Ihres Lebens von Anfang an ausreichend Zeit ein. Das ist simpel, aber wirkungsvoll.

Darum: Notieren Sie bitte *jetzt* die drei wichtigsten Ziele oder Teilziele für Ihre nächsten zwölf Monate. Verfahren Sie dann genauso mit Ihren Monats-, Wochen- und Tageszielen.

Platz für das Neue

Die beste Zeitplanung nutzt wenig, wenn Ihr Tag immer zu kurz ist, weil Sie einfach zu viel um die Ohren haben. Falls Sie sich auf die Suche nach Ihrer Berufung gemacht haben, in der Hoffnung, dann weniger arbeiten zu müssen, muss ich Sie leider enttäuschen. Wenn Sie Ihre Berufung leben, arbeiten Sie höchstwahrscheinlich nicht weniger, sondern eher mehr als vorher, aber wenn Sie auf Ihrem Weg sind, spüren Sie dabei Begeisterung und

Energie und können es morgens kaum erwarten, aus dem Bett zu kommen. Bevor es aber so weit ist, müssen Sie zuerst Raum und Platz für das gute Neue in Ihrem Leben schaffen. Wenn Sie zehn Stunden am Tag als Controlling-Leiter eines Großunternehmens mit Zahlen jonglieren und danach noch in den Golf-Club flitzen, um dazuzugehören, obwohl Ihre Berufung ist, heilend tätig zu sein, haben Sie am Abend wahrscheinlich nur noch wenig Energie, eine Ausbildung als Heilpraktiker anzugehen. Alles, was Sie tun, das nicht im Zusammenhang mit dem Leben Ihrer Berufung oder dem Job, der Sie glücklich macht, steht, nimmt Ihnen Energie für das, was wirklich wichtig für Sie ist. Wenn Sie schon seit zehn Jahren Vorstand im örtlichen Karnevalsverein, Vorsitzender einer Partei oder Leiter des Projekts »Stadtverschönerung durch Naturteiche« sind, geben Sie den Posten ab oder lassen Sie wenigstens eine Zeit lang einen anderen Ihre Arbeit erledigen. Wenn Sie es wirklich vermissen, können Sie ja später, wenn Sie Ihre eigene Praxis haben, wieder dorthin zurück.

Wenn Sie genug finanzielle Mittel haben, nehmen Sie sich eine Putzfrau, und wenn Sie Elternbeirat sind, bitten Sie Ihren Stellvertreter, eine Zeit lang Ihre Aufgaben zu übernehmen. Wenn Sie ein eigenes Pferd haben, suchen Sie sich vorübergehend eine Reitbeteiligung, und wenn Sie kleine Kinder haben, erweitern Sie ihr soziales Netz und geben Sie Ihre Kinder etwas öfter ab als bisher. Setzen Sie sich und Ihre Berufung an die erste Stelle. Zumindest so lange, bis Sie mit Ihrem Leben wirklich zufrieden sind. Sammeln Sie bitte jetzt Ihre Ideen – und dann setzen Sie sie um!

Was könnte ich (vorübergehend) aufgeben, um mehr Zeit für mich und meine Berufung zu finden? Welche Aufgaben kann ich delegieren oder zeitweise sein lassen?

Natürlich ist »Zeit« nur ein Faktor von vielen, den Sie bei Ihrer

Veränderung beachten müssen. Auch wenn Sie finanziell in katastrophalen Verhältnissen leben, eine unglückliche Beziehung haben, zu wenig oder zu viele soziale Kontakte pflegen, geht es für Sie zuerst darum, Ihr Leben zu stabilisieren. Es gibt viele Bücher über finanziellen Erfolg, das Entrümpeln Ihres Lebens oder das Verbessern Ihrer Beziehungen. Wenn Sie irgendwann sehr viel Zeit haben, kaufen Sie sich ruhig all diese Bücher, lesen Sie sie und nutzen Sie die tollen Ideen, die Sie darin finden. Ich wünsche mir für Sie aber, dass Sie Ihre Berufung *jetzt* leben und so bald wie möglich den Job haben, der Sie glücklich macht. Ich gehe davon aus, dass Sie das auch möchten, deshalb verrate ich Ihnen nun, wie Sie das am einfachsten schaffen können.

Ihre Berufung in allen Bereichen Ihres Lebens

In einem der vorherigen Kapitel haben Sie für sich die zurzeit wichtigsten Ausdrucksmöglichkeiten Ihrer Berufung in den Bereichen Beruf/Karriere, Körper/Gesundheit, Familie/Freunde/Kontakte und Lebenssinn/Spiritualität festgehalten. Die einfachste Möglichkeit, Ihre Berufung *jetzt* zu leben und so bald wie möglich den Job zu haben, der Sie glücklich macht, ist, in *allen* Bereichen Ihres Lebens Ihre Berufung ab sofort und so deutlich wie möglich zum Ausdruck zu bringen. Auch wenn Sie selbst auf den ersten Blick keinen Zusammenhang sehen; wenn Sie in *irgendeinem* Bereich Ihres Lebens beginnen, das zu tun, was Ihrer Berufung entspricht, kann es eine Kettenreaktion auslösen und Ihr ganzes Leben verändern.

Ich habe bei meinen Kunden immer wieder die abenteuerlichsten »Zufälle« erlebt, wenn sich jemand wirklich für seinen Weg entschieden hatte. Haben Sie Vertrauen, folgen Sie Ihrem Plan und das Leben unterstützt Sie.

Die Liste Ihrer Glücklichmacher

Es gibt noch weitere Möglichkeiten, wie Sie sich auf Ihrem Weg selbst unterstützen können. Nehmen Sie bitte noch einmal die Liste der zehn Dinge, die Sie glücklich machen, aus dem Karriere-Navigator heraus. Wenn Sie den Weg Ihrer Berufung gehen und das Leben leben wollen, das Sie glücklich macht, ist der wichtigste Mensch, der dafür Verantwortung trägt, Sie selbst! Vor lauter Euphorie und Überschwang könnten Sie dazu neigen, sich zu verausgaben, zu wenig zu schlafen, das Essen zu vergessen oder nur noch Fast Food zu essen, den Kontakt zu Ihren Freunden zu vernachlässigen oder den monatlichen Saunabesuch ausfallen zu lassen. So funktioniert es aber nicht. Wenn Sie erfolgreich sein wollen, müssen Sie vor allem gut zu sich selbst sein. Nehmen Sie also bitte Ihre Liste und tragen Sie sich in Ihrem Zeitplansystem jede Woche mindestens eine Sache, die Sie glücklich macht, als festen Termin ein. Und halten Sie sich daran! Ihre Berufung zu leben ist Ihre Lebensaufgabe, dazu müssen Sie in guter körperlicher und psychischer Verfassung sein. Und das schaffen Sie nur, wenn Sie sich selbst regelmäßig Gutes tun. Noch leichter wird es, wenn Sie sich von anderen dabei helfen lassen.

Unterstützung von anderen

Stellen Sie sich vor, Sie sind verheiratet, führen eine glückliche Ehe, Ihr Leben scheint ganz und gar geregelt und Sie wünschen sich, dass alles so bleibt, wie es ist. Dann kommt Ihr Partner nach Hause und eröffnet Ihnen, dass er mit Ihnen auswandern, ein Restaurant eröffnen oder eine eigene Zeitschrift herausgeben will. Sicher freuen Sie sich riesig mit Ihrem Partner, werfen alle Bedenken über Bord und beteiligen sich eifrig bei der Planung.

Glückwunsch! Dann sind Sie vermutlich der erste Mensch, der so reagiert. Alle anderen müssen bei einem solchen Vorstoß durchaus damit rechnen, dass ihr Partner ihnen den Vogel zeigt und sie nicht wirklich ernst nimmt. Wenn Sie also für sich selbst bedeutsame Veränderungen geplant haben, von denen auch Ihr Umfeld, Ihr Partner und Ihre Kinder betroffen sind, tun Sie sich einen Gefallen und holen Sie sie mit ins Boot. Zum Teil haben Sie diese Menschen möglicherweise bereits beim Bedenken von potenziellen Hindernissen über Ihre Pläne informiert und sich ihre Zustimmung geholt. Vielleicht sind Sie aber auch davon ausgegangen, dass alle anderen Ihre Pläne genauso großartig finden werden wie Sie selbst.

Sicherheitshalber schreiben Sie nun alle Menschen, die von der Veränderung betroffen sein werden, noch einmal auf. Denken Sie dabei auch zurück an das, was Sie bei der Übung Kindheit bereits notiert hatten, also das, was Ihr Partner, Ihre Kinder, Eltern und wichtigen Freunde von Ihnen erwarten.

Nun überlegen Sie sich für jeden Einzelnen mindestens einen Vorteil, den Ihre Veränderung für ihn haben wird. Ihr Partner wird Sie vielleicht dadurch ausgeglichener und fröhlicher erleben, vielleicht haben Sie in der Selbstständigkeit mehr oder entspannter Zeit für Ihre Kinder, für Ihre Freunde sind Sie möglicherweise dann ein noch interessanterer Gesprächspartner. Was auch immer es ist, schreiben Sie es auf, damit Sie es sich bewusst machen und »parat« haben. Denn jetzt sollten Sie mit allen Menschen, die von Ihrer Veränderung betroffen und die Ihnen wichtig sind, in Ruhe darüber reden.

Es geht hier nicht darum, wer in Zukunft den Müll hinausbringt oder einkaufen geht, sondern darum, dass Sie sich die Unterstützung Ihrer Familie und Freunde sichern. Und das gelingt am besten, wenn Sie ihnen vor Augen führen, was es Gutes für sie bringt, wenn Sie Ihr Leben verändern. Möglicherweise können Sie Ihre Kinder leichter überzeugen als Ihren Partner, aber deshalb sollen Sie dieses Gespräch ja auch besonders gut vorbereiten. Seien Sie liebevoll mit Ihren Gesprächspartnern, verstehen Sie die Ängste und Bedenken, die bei ihnen aufkommen. Nutzen Sie Ihre Argumente in einem ruhigen Gespräch (oder vielleicht auch in zwei bis zehn Gesprächen), versuchen Sie, die Menschen um sich herum für Ihr Ziel zu gewinnen, und vielleicht wird ja sogar ein gemeinsames Ziel daraus. Viele meiner Kunden, die eine Veränderung ihres Lebens beschließen, sind überrascht, wie sehr ihre Partner bereit sind, die Veränderung mitzutragen und sich zum Teil sogar anzuschließen.

Was aber können Sie tun, wenn Sie die nötige emotionale Unterstützung in Ihrem Umfeld nicht bekommen? Das kommt natürlich vor, nicht jeder Mensch ist in der Lage, andere von seinem Vorhaben zu begeistern oder zu überzeugen, und nicht jeder Partner ist in der Lage, über seinen Schatten zu springen. Dann haben Sie wieder mehrere Möglichkeiten: Sie suchen sich andere Menschen, die Sie auf Ihrem Weg unterstützen, Sie lassen sich in dem Prozess von einem Coach begleiten oder Sie entscheiden sich für eine langfristige Betreuung durch einen Therapeuten, wenn Sie das Gefühl haben, dass Sie dann besser mit der Situation umgehen können.

Wenn Sie sich emotionale und vielleicht auch fachliche Unterstützung für Ihren Weg zum Ziel wünschen, dann suchen Sie sich andere Menschen, denen es ähnlich geht. Wenn Sie sich selbstständig machen wollen, gehen Sie zu Existenzgründungsveranstaltungen und sprechen Sie Menschen an, die Ihnen sympathisch sind und mit denen Sie sich dann jede Woche oder einmal im Monat austauschen und gegenseitig bei der Zielerreichung unterstützen. Wenn Sie eine Umschulung machen, suchen Sie sich zwei Leute aus Ihrem Kurs aus, mit denen Sie lernen und über Ihre

Zukunft nachdenken können. Und wenn Sie sich für das Erklimmen der Karriereleiter entschieden haben, suchen Sie sich jemanden, der das bereits geschafft hat, sich damit auskennt und den Sie fragen können, wenn Sie in Schwierigkeiten geraten. In der Kindheitsübung haben Sie sich vielleicht an jemanden außerhalb Ihrer Familie erinnert, der Ihre Pläne gefördert hat, einen ehemaligen Lehrer oder einen besonders engagierten Vorgesetzten. Falls diese Menschen noch leben, wäre jetzt der Zeitpunkt, sie wieder anzusprechen. Viele meiner Kunden haben das bereits getan – und alle, die sie angesprochen haben, haben sich sehr über die Kontaktaufnahme gefreut und konnten zum Teil mit Rat und Tat und vor allem mit guten Kontakten unterstützen. Selbst wenn Sie lange nichts von sich haben hören lassen, probieren Sie es einfach aus. Ich bin sicher, Sie werden herzlich empfangen. Oder Sie suchen sich einen echten Mentor, also einen Menschen, der Sie aktiv in Ihrer Entwicklung unterstützt. Dieser Mentor kann aus dem Unternehmen kommen, in dem Sie arbeiten, aus einem Förderverein für Existenzgründer stammen oder Sie sprechen jemanden an, von dem Sie glauben, dass er »die Patenschaft« für Sie übernehmen würde. Viele erfolgreiche Menschen freuen sich, andere auf ihrem Weg zu begleiten. Sie müssen sie nur fragen.

Wenn Sie sich eine professionelle Unterstützung für Ihre Entscheidung wünschen, können Sie sich natürlich auch an einen Coach wenden. Coaching gibt es inzwischen für jegliche Bereiche des Lebens. Ob Sie Ihren Körper stählen, das Rauchen aufgeben, die Firma wechseln, eine Moderationstechnik üben oder eine Existenz gründen wollen, ein guter Coach macht Ihnen Mut, Ihr Leben und Ihre Arbeit zu verändern, Ihr volles Potenzial zu entdecken, stellt Ihnen die richtigen Fragen, unterstützt Sie in schwierigen Phasen und hilft Ihnen, den Wald zu sehen, wenn Sie ihn vor lauter Bäumen nicht mehr erkennen können. Ein Coach bietet Ihnen Unterstützung, aber er geht nicht den Weg für Sie.

Der Coach hilft Ihnen, Pläne zu erstellen, und überprüft mit Ihnen die Zielerreichung. So wie in Amerika früher fast jeder seinen eigenen Psychiater hatte, so hat heute fast jeder seinen Life-Coach und auch in Deutschland werden es immer mehr. Die beste Wahl treffen Sie, wenn Sie eine persönliche Empfehlung von einem Menschen bekommen, der ein ähnliches Anliegen hatte wie Sie und sich gut bei seinem Coach aufgehoben fühlte. Nicht jeder Coach ist für jedes Thema qualifiziert, auch wenn viele einen Bauchladen voller Themen anbieten. Nutzen Sie auch die von vielen Coachs gebotene Möglichkeit des (kostenfreien) Vorgesprächs. Schließlich wollen Sie mit Ihrem Coach einen Teil Ihrer Zukunft gestalten, da muss nicht nur die fachliche Komponente, sondern vor allem auch die Chemie stimmen.

Wenn Sie das Gefühl haben, sich intensiver mit sich selbst, Ihrem emotionalen Erleben und den Hintergründen von innerem oder äußerem Widerstand beschäftigen zu müssen, sollten Sie sich an einen Therapeuten wenden, den Sie sich am besten auch wieder auf Empfehlung auswählen. Der Therapeut blickt mit Ihnen ausführlich in Ihre emotionale Vergangenheit, Ihre Lebensgeschichte und kann – falls vorhanden – Krankheiten oder Störungen aufdecken und behandeln. Auch hier sprechen Sie über Veränderungen, die Sie sich für Ihr Leben wünschen, aber für die Umsetzung müssen Sie dann allein sorgen oder sich wieder für eins der vorgenannten Modelle entscheiden.

Eine Therapie kann auch begleitend zu anderen Maßnahmen hilfreich sein, um die Dinge zu erkennen, die Sie bisher daran gehindert haben, Veränderungen in Angriff zu nehmen und durchzuziehen, oder um alte Muster aufzulösen und den Weg in Richtung Ziel frei zu machen. Aber für die meisten meiner Kunden reicht das Ausmaß der Beschäftigung mit ihrer Vergangenheit, wie auch Sie es in diesem Buch finden, vollkommen aus, um den Beruf und das Leben ihrer Träume zu finden und ihren Weg zu gehen.

Netzwerken Sie erfolgreich

Erfolgreiches Netzwerken kann auf Ihrem Weg zu Ihrem Traumjob und Ihrer Berufung ein entscheidendes Kriterium für Ihre Zielerreichung sein. Beziehungen richtig zu knüpfen heißt mehr, als ein paar Leute einmal im Jahr zu Ihrem Geburtstagsfest einzuladen. Wer gelernt hat, wie erfolgreiches Netzwerken funktioniert, tut dies irgendwann automatisch – egal, ob er auf einer Netzwerkveranstaltung ist, im Flugzeug oder an der Kasse im Supermarkt. Ein paar Grundregeln gilt es dabei aber zu beachten.

»Geben ist seliger denn nehmen«

Viele »Anfänger« im Netzwerken gehen voller Hoffnungen auf tolle Kontakte zu Veranstaltungen und wundern sich am Ende des Abends, dass sie mit leeren Händen nach Hause gehen. Die wichtigste Regel beim Netzwerken ist, *erst* zu investieren und *dann* etwas zurückzubekommen. Andere Menschen spüren – bewusst oder unbewusst –, wenn Sie nur auf der Suche nach Vorteilen für sich selbst sind. Stellen Sie sich vor, Sie treffen zum ersten Mal auf einen Menschen, dem Sie dann eine halbe Stunde von Ihrem Leben, Ihrem Job und Ihren Hobbys erzählen. Dann gehen Sie auseinander, zum nächsten Gesprächspartner und wundern sich, warum für Sie nichts Gutes dabei herausgekommen ist. Aber so funktioniert das eben nicht. Sie können gerne auch von sich selbst erzählen, aber nur wenn Ihr Gesprächspartner Sie danach fragt. Stellen Sie sich kurz vor – bei Netzwerkveranstaltungen können Sie gerne auch darstellen, welcher Kontakt Ihnen nützlich sein könnte – und dann brauchen Sie nur noch eines: echtes Interesse an Ihrem Gegenüber. Die unscheinbarsten Menschen können zu den wertvollsten Kontakten für Sie werden. Lassen Sie sich nicht von einem »Schreihals« blenden. Der ist wahrscheinlich nur genauso auf der Suche nach guten Kontakten wie Sie und hat Ihnen nichts Gutes und Nutzbringendes zu geben.

Sie können nur aus einem Beziehungskonto profitieren, wenn Sie vorher darauf eingezahlt haben. Wenn Sie über Ihren Gesprächspartner beispielsweise erfahren, dass er begeisterter Segler ist, und am nächsten Tag sehen Sie per Zufall im Internet ein schönes Bild zum Thema, schicken Sie ihm den Link mit ein paar netten Worten, bringen Sie sich so in Erinnerung und gestalten Sie den Kontakt dadurch persönlicher. Ganz sicher wird der Segler, der »nebenbei« Marketingleiter eines erfolgreichen Sportartikelherstellers ist, Ihnen beim nächsten Wiedersehen gerne einen Tipp für Ihre nächste eigene Marketingkampagne geben.

Im Winter kann man wunderbar beobachten, wie aus vielen kleinen einzelnen Schneekristallen nach kurzer Zeit eine wundervolle geschlossene Schneedecke wird. So ist es auch mit Ihrer Investition in Netzwerke. Am Anfang sind Ihre Kontakte nur wie kleine Schneeflocken, die man kaum sieht oder spürt, doch nach kurzer Zeit haben sie sich flächendeckend ausgebreitet. Eine wunderbare Möglichkeit, einzelne Schneekristalle zu platzieren, sind die Einladungen zu Weihnachtsfeiern in der Adventszeit. Sie sollten sich keine davon entgehen lassen! Abgesehen davon, dass es leckeres Essen gibt, haben Sie hier die Möglichkeit, in angenehmer stimmungsvoller Atmosphäre mit Menschen ins Gespräch zu kommen, an die Sie sonst vielleicht nicht so gut oder sogar niemals herankommen würden. Mit der Abteilungsleiterin vom Vertrieb stehen Sie vielleicht am Buffet an und mit dem Geschäftsführer des Tochterunternehmens, in das Sie gerne wechseln würden, an der Bar. Nutzen Sie solche Chancen, um sich bekannt zu machen und so zu positionieren, wie Sie gerne wahrgenommen werden möchten – auf freundliche, unaufdringliche Weise und natürlich ohne mit der Tür ins Haus zu fallen.

Wenn Sie eine neue Wohnung suchen, erzählen Sie wahrscheinlich möglichst vielen Menschen in Ihrem Umfeld davon, in der Hoffnung, dass irgendjemand irgendwann irgendetwas von einer freien Wohnung hört und dann an Sie denkt. Genauso sollten Sie es machen, wenn Sie eine Information oder eine Empfehlung brauchen. Haben Sie schon mal von dem Experiment »small world« gehört? Der Sozialpsychologe Stanley Milgram hat Ende der Sechzigerjahre herausgefunden, dass jeder Mensch über durchschnittlich sechs Bekannte mit jedem anderen Menschen bekannt ist. Was bedeutet das für Sie? Egal welchen Kontakt Sie brauchen, sprechen Sie die Menschen an, von denen Sie glauben, dass sie jemanden kennen könnten, der jemanden kennt, der jemanden kennt … Ich habe es inzwischen schon sehr oft ausprobiert und es funktioniert.

Erzählen Sie den Menschen, was Sie genau brauchen, suchen oder wissen wollen. Bleiben Sie dabei aber an der Oberfläche, erzählen Sie nicht jedem von Ihren Träumen und Wünschen, bevor Sie ganz sicher sind, dass Sie Ihren Weg auch wirklich einschlagen werden. Erstens wollen Sie sich ja nicht blamieren, wenn es nicht geklappt hat, aber noch viel wichtiger ist: Nichts kostet Sie mehr Kraft, als Ihre Idee gegen andere Menschen und deren Vorurteile und Überzeugungen zu verteidigen. »Ja, das klingt ja ganz nett, aber in der Branche gibt es zurzeit überhaupt keine Jobs, das wird sicher schwer, wollen Sie nicht lieber etwas anderes machen?« Oder: »Das hat meine Cousine auch versucht und ist damit untergegangen« Oder: »Als ich jung war, wollte ich auch Schauspielerin werden, aber in der Filmbranche geht es doch zu wie in Sodom und Gomorrha, da sollte sich ein anständiger junger Mann lieber raushalten.« Natürlich argumentieren Sie, dass doch jetzt alles ganz anders ist und Ihr Gesprächspartner die Situation falsch beurteilt, aber insgeheim kommen Sie dann doch ins Grübeln und das kostet Sie viel zu viel Energie. Deshalb sagen Sie nur so viel, wie Sie müssen, um das zu bekommen, was Sie brauchen. Wenn Sie erst selbstständiger Künstler, Unternehmensberaterin oder Hundetrainer sind, haben Sie noch genug Zeit, sich der Welt bekannt zu machen.

Notieren Sie, was Sie wissen

Machen Sie es sich zur Gewohnheit, gute Tipps und Empfehlungen aufzuschreiben. Auch wenn das, was Sie erfahren, für Sie selbst im Moment nicht interessant ist, so könnte es das eines Tages werden – für Sie oder für einen Ihrer Kontakte. Sie können auch ein eigenes, ständig wachsendes Branchenbuch anlegen mit Informationen über Restaurantempfehlungen, die besten Ärzte, die zuverlässigsten Handwerker oder die kreativsten Werbefachleute. Wenn Sie es aufschreiben, können Sie es jederzeit ergänzen und machen sich bald durch Ihren wachsenden Informationsschatz bei Ihren Bekannten, Freunden und Kontakten einen Namen.

Bereiten Sie sich vor und bereiten Sie nach

Wenn Sie zu einer Veranstaltung, auf eine Party oder das Sommerfest Ihres Unternehmens gehen, bereiten Sie sich vor. Stellen Sie sich die Frage, was genau Ihnen nützlich sein könnte, und dann gehen Sie darauf zu. Falls vorhanden, besorgen Sie sich im Vorfeld die Gästeliste oder fragen Sie den Gastgeber, wer alles anwesend sein wird und ob er Sie bekannt machen kann.

Wenn Sie sich das, was Sie über Ihre Gesprächspartner erfahren haben, nicht notieren, haben Sie es garantiert vergessen, wenn es darauf ankommt. Also schreiben Sie sich markante Punkte der Menschen, mit denen Sie gesprochen haben, auf. Ich selbst schreibe immer ein paar Stichpunkte auf die Visitenkarten, die ich bekomme, also zum Beispiel wann und wo ich jemanden kennengelernt habe, ob er oder sie verheiratet ist, Kinder hat, Hobbys oder bemerkenswerte Eigenheiten. Eine sehr nette Frau, die ich einmal auf einer Veranstaltung kennenlernte, hatte beispielsweise einen ausgeprägten Hang zu auffälligen Schmuckstücken. Zufällig entdeckte ich ein kleines feines Geschäft, das sich auf genau diese Art von Schmuckstücken spezialisiert hat, und so schickte ich ihr die Visitenkarte des Geschäfts mit einem netten Gruß. Die Dame ist heute einer meiner wichtigsten Kontakte in die Kreativ-Branche.

Bedanken Sie sich

Wenn Sie dauerhaft von Ihren Kontakten profitieren und sich »einen Namen« als guter Netzwerker machen wollen, dürfen Sie auf eines auf keinen Fall verzichten: Wenn Sie eine Information bekommen haben, jemand einen Kontakt für Sie hergestellt hat oder Sie durch einen Tipp genau das finden, was Sie schon lange gesucht haben, bedanken Sie sich! Menschen helfen gerne und freuen sich, wenn die Information Ihnen etwas gebracht hat. Lassen Sie sie teilhaben an Ihrem Nutzen, rufen Sie sie an, schreiben Sie eine Dankeskarte (netter als eine E-Mail), schicken Sie eine kleine Aufmerksamkeit oder laden Sie sie zum Essen ein, wenn Sie zum Beispiel durch eine Empfehlung einen neuen Job oder eine neue Wohnung gefunden haben. Ganz sicher wird dieser Mensch sich darüber freuen und auch beim nächsten Mal wieder gerne für Sie da sein.

Hören Sie auf Ihre innere Stimme

Sie haben sich jetzt durch dieses Buch gearbeitet, haben Ihre Berufung erkannt, sich für den Job und das Leben Ihrer Träume entschieden, klare Ziele definiert, einen Plan gemacht und sind die ersten Schritte zur Umsetzung gegangen. Vielleicht gehören Sie zu den Menschen, die, wenn sie sich etwas vorgenommen haben, in die Hände spucken, es angehen und durchziehen. Doch auch für Sie hält dieses Kapitel noch weitere hilfreiche Tipps bereit, lesen Sie also ruhig weiter.

Die meisten Menschen sind zugegebenermaßen eher zögerlich in ihrem Bemühen um Veränderung. Sie gehen in sehr kleinen Schritten, halten manchmal auch für ein Jahr oder länger inne und tun sich teilweise schwer dabei, Pläne zu erstellen, einzuhalten und abzuarbeiten. Wenn Sie zu dieser Gruppe zählen, kann ich Sie ein wenig trösten: Das ist vollkommen normal! Veränderung verläuft bei allen Menschen in Phasen, die die eine schneller und der andere weniger schnell durchläuft. Nachdem Sie erkannt haben, welches Leben und welcher Beruf Sie glücklich machen können, haben Sie sich möglicherweise zuerst innerlich gegen die Veränderung gewehrt, weil Ihnen bewusst geworden ist, wie viel Arbeit auf Sie zukommt. Dann haben Sie das Für und Wider der Veränderung abgewogen und sich überlegt, ob die Zeit schon reif dafür ist. Irgendwann haben Sie dann entweder dieses Buch in die Ecke gelegt und sind zu Ihrem alten Leben zurückgekehrt oder Sie haben angefangen, nach vorne zu blicken, sich mit der Zukunft statt weiter mit Ihrer Vergangenheit zu beschäftigen, und sich Gedanken über das »Wie« gemacht. Das ist die Phase, in der Sie Ihren Projektplan erstellt und Ihre Termine festgelegt haben. Vom Planen sind Sie zum Handeln übergegangen, haben erste Erfahrungen mit dem Umsetzen Ihrer Vorhaben gemacht und möglicherweise auch schon ein paar Rückschläge erlebt. Entscheidend ist jetzt, dass Sie am Ball bleiben und Ihrer Entwicklung und Veränderung die oberste Priorität in Ihrem Leben einräumen. Geschafft haben Sie es allerdings erst, wenn Sie Ihr Leben dauerhaft verändert haben. Um sicherzugehen, sollten Sie immer wieder überprüfen, ob der Weg, auf dem Sie gehen, wirklich noch Ihr eigener ist, oder ob Sie, ohne es zu merken, wieder in alte Muster zurückgefallen sind. Diese Überprüfung können Sie einmal im Jahr machen, zum Beispiel zu Silvester oder an Ihrem Geburtstag, und zusätzlich noch regelmäßige Auszeiten einplanen, die Sie natürlich ebenfalls wieder in Ihren Kalender eintragen. Anders als bei der Kontrolle Ihres Zeitplans geht es dabei nicht darum, die Zielerreichung zu kontrollieren, sondern um den Abgleich mit Ihrem Inneren, Ihren Lebensmotiven und Ihren Wünschen. Wenn zum Beispiel eines Ihrer Lebensmotive der Genuss ist und Sie vor lauter Euphorie zur Erreichung Ihrer Ziele einen 16-Stunden-Arbeitstag als neue Gewohnheit etabliert haben, sind Sie von Ihrem Weg abgekommen, auch wenn Sie Ihre Ziele termingemäß erreicht haben.

Wie können Sie nun überprüfen, ob der Weg, auf dem Sie gehen, immer noch Ihr eigener ist? Ganz einfach: Fragen Sie Ihre innere Stimme und nutzen Sie den Karriere-Navigator. Wie Sie mit dem Karriere-Navigator Ihren Weg auf Übereinstimmung mit Ihrem Wesen überprüfen können, haben Sie im Abschlusskapitel des Karriere-Navigator bereits kennengelernt. Er ist Ihre »äußere« innere Stimme. Doch besser als alle äußeren Hilfsmittel ist das perfekte innere Instrument, das Sie haben: Ihre innere Stimme. Wenn Sie gelernt haben, sie wahrzunehmen und zur Sicherheit noch den Karriere-Navigator zu Hilfe nehmen, werden Sie nie wieder von Ihrem Weg abkommen.

Um wieder zu lernen, Ihre innere Stimme zu hören, müssen Sie nicht zum Meditieren ins Kloster oder in einen indischen Ashram gehen. Alles, was Sie brauchen, ist nur etwas mehr bewusste Ruhe in Ihrem Leben. Möglichkeiten dazu gibt es unendlich viele: Sie können die Zeit im Stau natürlich dazu nutzen, sich über den Verkehr, die Umweltverschmutzung und Ihre Verspätung zu ärgern, oder Sie heißen die Gelegenheit, kurz abzuschalten, willkommen, atmen ein paar Mal tief durch, schließen Ihre Augen (sofern Ihr Auto steht) und genießen das Nichtstun. Das Gleiche können Sie im Supermarkt an der Kassenschlange, im Violinkonzert oder beim Spazierengehen tun. Wie unglaublich schwer allein diese einfache Übung fällt, erlebe ich immer wieder in meinen Workshops. Kaum jemand ist in der Lage, für ein paar Minuten entspannt mit sich selbst allein zu sein. Die meisten Teilnehmer öffnen nach maximal 90 Sekunden wieder die Augen. Je öfter Sie es allerdings üben, desto leichter wird es Ihnen fallen und desto mehr können Sie es genießen.

Wenn Sie sich immer wieder Zeit nehmen, einen Augenblick zur Ruhe zu kommen, können Sie etwas erleben, das ich »Ganzheitserfahrung« nenne. Vielleicht erinnern Sie sich an einen Moment in Ihrem Leben, an dem Sie das Gefühl hatten, dass die Zeit stillsteht und Sie sich mit allem um Sie herum verbunden fühlten. Menschen sprechen gewöhnlich nicht über diese Erfahrung, aber fast alle von uns haben es schon einmal erlebt. Es ist ein Gefühl vollkommener Ruhe, unendlichen Glücks und inneren Friedens, in dem das Leben einen Sinn ergibt und einfach absolut alles in Ordnung ist. Meist dauert es nur ein paar Augenblicke, und wenn es vorbei ist, kann man kaum glauben, es erlebt zu haben. Es gibt uns einen kleinen Einblick in die unendliche Schönheit unseres Seins. Wenn Sie wieder lernen, innerlich zur Ruhe zu kommen, steigt die Wahrscheinlichkeit, diese Momente zu erleben. Menschen, die regelmäßig meditieren, berichten häufiger von dieser Erfahrung als andere. Es kann Ihnen aber auch genauso gut beim Kartoffelschälen, beim Autofahren oder im Büro passieren. Entscheidend ist, dass Sie dieses Erleben als das wahrnehmen, was es ist: ein tiefer Moment der Verbundenheit mit Ihrem Inneren und mit allem, was ist.

Wenn Sie lernen möchten, Ihre innere Stimme wieder bewusster wahrzunehmen, finden Sie heraus, wie Sie am besten wieder dieses Gefühl der Verbundenheit herstellen können. Sie können es über entspannende Musik versuchen, durch Zeit in der Natur, durch Tagebuch schreiben, Rennrad fahren oder putzen. Wichtig ist, dass Sie sich bewusst vornehmen, in diesen (durchaus aktiven) meditativen Zustand zu kommen. Und dann müssen Sie nur noch hinhören und auf Empfang schalten. Wenn Sie dann vor einer Entscheidung stehen, betrachten Sie erst Ihren Karriere-Navigator, fragen Sie dann Ihre innere Stimme und hören auf sie.

Lassen Sie los!

Loslassen bedeutet »auf-geben«, es einem größeren Ganzen übergeben, und ist oft das Geheimnis des Erfolgs. Es bedeutet nicht, dass Sie die Hände in den Schoß legen und gar nichts mehr tun sollen, im Gegenteil: Zuerst müssen Sie alles tun, was Ihnen möglich ist – und dann lassen Sie los. »Gott hilft denen, die sich selbst helfen«, nicht denen, die es sich in der Ecke bequem gemacht haben. Wenn Sie den Beruf und die Lebensumstände gefunden haben, die Sie glücklich machen, alles getan haben, was Sie konnten, um Ihr Leben in die gewünschte Richtung zu verändern, kommt irgendwann der Punkt, an dem Sie nichts mehr tun können. Das ist kein Zustand, der Tage oder Wochen dauert, eher ein Moment, in dem Ihnen klar wird, dass es jetzt nicht mehr an Ihnen ist, etwas zu tun, um Ihr Ziel zu erreichen. Das kann der Augenblick nach dem zweiten und entscheidenden Vorstellungsgespräch in dem Unternehmen Ihrer Träume sein (»Wir melden uns bei Ihnen«), das kann der Moment sein, an dem Sie ein großes überlebenswichtiges Angebot an einen Kunden auf den Weg gebracht haben (»Ihnen ist sicher klar, dass wir mehrere Angebote prüfen müssen«), oder es ist der Moment, an dem Sie einfach nicht weiterwissen (»Tut mir leid, dazu gibt es keine Informationen«). Kurzum, Sie können einfach nichts mehr tun. Nichts mehr? Falsch. Sie können noch etwas tun: Geben Sie auf. Geben Sie es sozusagen nach oben ab. Sie erreichen Ihre Ziele viel leichter, wenn Sie in diesem Moment loslassen können. Tun Sie das nicht, verderben Sie möglicherweise Ihre Chancen. Sie fragen immer wieder bei Ihrem Traumunternehmen oder Ihrem Kunden nach, ob eine Entscheidung gefallen ist. Oder Sie vergeuden Ihre Energie, um zum hundertsten Mal das Internet nach der benötigten Information zu durchforsten. Entspannen Sie sich lieber, lehnen Sie sich zurück und vertrauen Sie darauf, dass die Dinge sich in Ihrem Sinne entwickeln werden, wenn die Stelle, der Auftrag oder die Information wirklich Ihrer Berufung entsprechen.

Synchronizität

Vielleicht haben Sie schon einmal von dem Begriff »Synchronizität« gehört. C. G. Jung bezeichnet damit das Phänomen, dass zwei Geschehen – eines in der Außenwelt und eines in der menschlichen Psyche – zeitlich zusammentreffen, ohne dass sie die gleiche Ursache haben, für den Beobachter aber in einem Sinnzusammenhang stehen.

Sicherlich haben Sie auch schon erlebt, dass Sie an einen Menschen gedacht haben und ein paar Minuten, eine Stunde oder einen Tag später rief er Sie an. Synchronizitäten scheinen sich zu häufen, wenn man versucht, sie bewusster wahrzunehmen. Dabei hat sich tatsächlich nur die Wahrnehmung dafür erhöht. Vielleicht sind Sie auf der Suche nach einer bestimmten Information –

und am nächsten Tag entdecken Sie sie in einer Zeitschrift beim Arzt im Wartezimmer, oder Sie wünschen sich, einen bestimmten Menschen wiederzusehen, der Ihnen eventuell weiterhelfen könnte, können seine Adresse aber nicht herausfinden – und ein paar Tage später begegnet er Ihnen beim Einkaufen. Oder Sie müssen ausnahmsweise mit der Bahn zur Arbeit fahren, weil Ihr Auto nicht angesprungen ist – und begegnen hier der Liebe Ihres Lebens.

Wenn Sie sich auf den Weg machen, um den Job und das Leben zu finden, die Sie glücklich machen, werden sich diese Zusammentreffen häufen. Fast alle meiner Kunden berichten davon, dass sie, nachdem sie begonnen hatten, mehr darauf zu achten, viele solcher Erlebnisse hatten, die ihnen auf ihrem Weg behilflich waren. Nutzen Sie diese Synchronizitäten für sich! Wenn Sie eine Entscheidung treffen müssen und partout nicht wissen, in welche Richtung Sie gehen sollen, fragen Sie Ihre innere Stimme und bitten Sie sie um Hilfe, bitten Sie um ein Zeichen. Dann kann es geschehen, dass Sie bei Ihrer Autofahrt zu einem Kunden, bei dem Sie irgendwie ein merkwürdiges Gefühl haben, an jeder Kreuzung ein Stoppschild vor sich sehen – zum Glück nehmen Sie es zur Kenntnis und den Auftrag nicht an. Monate später geht dieser Kunde in Konkurs und mit ihm verlieren viele Ihrer Kollegen ihr Geld. Sie nicht, denn Sie haben auf Ihre innere Stimme und ihre Hinweise gehört. Ich habe aus meiner eigenen Erfahrung mit diesen Dingen eine Regel für mich entwickelt, die immer wieder zutrifft. Dinge, die einmal geschehen, nehme ich zur Kenntnis, wenn sie sich wiederholen, schärfe ich meine Aufmerksamkeit und beginne bereits zu überlegen, welche Botschaft darin stecken könnte, und wenn sie zum dritten Mal geschehen, akzeptiere ich es als deutlichen, für mich bestimmten Hinweis, nehme mir ausreichend Zeit zum Nachdenken und treffe eine Entscheidung zum Handeln. Achten Sie ganz genau darauf, was um Sie herum geschieht, stellen Sie sich konkrete Fragen – und Sie bekommen Ihre Antwort!

Feiern Sie Ihre Erfolge!

Wir kommen jetzt langsam zum Ende unseres gemeinsamen Wegs. Ich gratuliere Ihnen, wenn Sie es bis hierher geschafft haben. Sie haben wunderbare Veränderungen für Ihr Leben eingeleitet und vielleicht sogar schon umgesetzt. Und auch wenn Sie dieses Buch erst durchgelesen haben und nun im zweiten Anlauf bereit sind, zur Tat zu schreiten, gibt es für Sie jetzt Grund zum Feiern. Denn Sie haben gewagt, Ihr Leben infrage zu stellen und sich damit auseinanderzusetzen, wie es noch schöner, bunter und erfüllter werden kann. Wie viele Menschen kennen Sie, die das wirklich tun? Es werden zwar immer mehr, aber noch sind es wenige, die den Mut dazu haben. Sie haben ihn! Bitte blicken Sie jetzt noch einmal zurück auf Ihre Entwicklung, die Sie – im Inneren oder Äußeren – bereits vollzogen haben, seitdem Sie dieses Buch lesen.

Listen Sie auf einem separaten Blatt die Dinge auf, die Sie für sich verändert haben oder noch verändern wollen, und seien Sie stolz darauf!

Es ist an der Zeit, diese Erfolge – egal, ob groß oder klein – gebührend zu feiern. Tun Sie etwas Besonderes, um sich für Ihre harte Arbeit zu belohnen. Kaufen Sie sich den Mantel, um den Sie schon seit Wochen herumgeschlichen sind, buchen Sie einen Wochenendtrip oder laden Sie alle Ihre Freunde zu einer spontanen Party ein. Amüsieren Sie sich, machen Sie sich eine Freude, feiern Sie!

Beispiele zum Mutmachen

Viele Menschen sind vor Ihnen diesen Weg gegangen. Weg von einem Leben, das sie nicht erfüllt, hin zu dem Job und/oder den Lebensumständen, die sie glücklich machen. Um Ihnen Mut zu machen, finden Sie hier zum Abschluss noch einige Geschichten von Menschen, deren Leben sich durch den Karriere-Navigator geändert hat. Zum Teil grundlegend, zum Teil nur in einigen Aspekten, aber in allen Fällen zum Besseren! Die Namen sind geändert, aber alles ist genauso passiert und stammt von meinen eigenen Kunden und denen meiner lizenzierten Kollegen.

Veränderungen sind zu jeder Zeit und in allen Lebenslagen möglich. Wer es wagt und es versucht, kann zwar auch scheitern, aber wer es nicht versucht, der hat schon verloren. Darum bitte ich Sie von Herzen: Wagen Sie es!

Annika, 38, Betriebswirtin, entscheidet sich für ein Karriere-Navigator-Coaching, weil sie mit ihrem bestehenden Job bei einem Lebensmittel-Importeur schon länger unzufrieden ist und die Arbeit sie immer mehr Kraft kostet. Sie träumt davon, etwas zu machen, das mit »Einrichten/Innenarchitektur« zu tun hat, was sich im Coaching auch bestätigt. Als sie bei der Einordnung ihrer Talente und Fähigkeiten erkennt, dass sie täglich zu 80 Prozent mit Dingen befasst ist, die sie zwar gut kann, aber überhaupt nicht mag, trifft sie eine radikale Entscheidung und kündigt ihren Job.

Nach einem halben Jahr Auszeit bewirbt sie sich gezielt bei Möbel- und Einrichtungsunternehmen und arbeitet jetzt in der Kundenberatung eines Unternehmens für Objekteinrichtungen.

Holger, 43, Jurist, kommt wegen Konflikten im Job ins Coaching. Nach dem Karriere-Navigator hat er seine alte Stelle aufgegeben und absolviert jetzt ein Volontariat bei einer Tageszeitung, wo er gerade wegen seiner Berufserfahrung als Jurist sehr geschätzt wird und er seine Begabungen und Leidenschaften Schreiben, Recherchieren und geschichtliche Themen zu seiner Berufung gemacht hat.

Andrea, 42, arbeitet in einem großen Unternehmen als Einkäuferin für technische Produkte. Sie kommt mit dem Wunsch zum Coaching, mehr mit Menschen zu arbeiten und dazu Ideen zu entwickeln. Da ihr Sicherheit und ein festes Einkommen sehr wichtig sind und sie gleichzeitig den Wunsch hat, als Trainerin und Coach zu arbeiten, scheint es für ihre berufliche Veränderung auf den ersten Blick schwierig oder gar unmöglich zu sein. Ein paar Monate später kann sie bei ihrem Arbeitgeber an einer Weiterbildung teilnehmen und betreut nun im firmeninternen Coaching-Programm Kollegen aus anderen Abteilungen.

Christine, 44, Betriebswirtin, hat wegen Krankheit und Mobbing ihre Anstellung gekündigt und findet keine Perspektive für eine neue Beschäftigung. Ihr Selbstbewusstsein hat stark unter den letzten Jahren gelitten. Durch den Karriere-Navigator erkennt sie ihre Berufung und macht jetzt eine Fortbildung zur Schuldnerberaterin, um Menschen beim Ordnen und dem »Wiederaufbau« ihrer Finanzen zu unterstützen.

Sonja, 27, hat eine Ausbildung des gehobenen Dienstes im Auswärtigen Amt und ein Studium der Asienwissenschaft absolviert. Sie wollte immer ins Ausland und viel verreisen, und obwohl sie nun alles erreicht hat, ist sie unglücklich und auch gesundheitlich geht es ihr sehr schlecht. Mithilfe des Karriere-Navigator erkennt sie, dass sie in den Bergen leben will und einen Job machen, bei dem sie Menschen wieder Lebendigkeit und Freude zurückbringen kann. Jetzt macht sie dafür eine Ausbildung zur Heilpraktikerin, mit Zusatzausbildungen in Chinesischer Medizin und Homöopathie, und arbeitet in einem Berghotel auf 4000 Metern Höhe.

Holger, 37, verheiratet, drei Kinder, fühlt sich in seiner wissenschaftlichen Laufbahn zunehmend eingeengt. Er spürt in seiner hoch spezialisierten, eher monotonen Forschungstätigkeit einen Widerspruch zu seinen vielen Interessen, hat aber keine Idee für mögliche Alternativen. Durch die Klarheit seines Ergebnisses im Karriere-Navigator fasst er den Mut, sich zu verändern, und bewirbt sich als Redakteur in einer internationalen wissenschaftlichen Einrichtung. Jetzt ist er mit seinen abwechslungsreichen Aufgaben hoch zufrieden.

Anna, 33, Marketingspezialistin, ist völlig verzweifelt, als sich in ihrem Arbeitsverhältnis große Spannungen zu ihrem Vorgesetzten entwickeln. Das besonders Schlimme ist: Ähnliche leidvolle Erfahrungen hatte sie bereits in anderen Arbeitsverhältnissen gemacht. Die täglichen Auseinandersetzungen belasten mittlerweile auch heftig das Verhältnis zu ihrem Partner. Im Coaching erkennt sie, dass in ihr eine Unternehmerin steckt, die unbedingt die Freiheit braucht, um selbst zu bestimmen. Sie gründet ihre eigene Firma, ein Handelsunternehmen. Ihre Fachkenntnisse als Online-Redakteurin kann sie für den Verkauf ihrer Produkte perfekt einsetzen.

Britta, 43, verheiratet und Mutter eines Sohnes, kommt völlig erschöpft zum Coaching. Sie hat keine Erklärung dafür, denn sie liebt ihren Geschäftsführerposten in einem Beratungsunternehmen und fragt sich dennoch, ob sie aufgrund ihres Ausgebranntseins ein anderes Tätigkeitsfeld anstreben sollte. Durch den Karriere-Navigator erkennt sie, dass es nicht der Job an sich ist, der sie auszehrt, sondern ihr übergroßes Bedürfnis nach Anerkennung, Ruhm und Erfolg. Sie entschließt sich daraufhin für eine Psychotherapie, um die Ursache für diese starke Außenorientierung zu erkennen und sich davon Stück für Stück frei zu machen.

Simona, 47, ist nach ihrem Chemie-Studium in unterschiedlichen Sekretariats- und Assistenzfunktionen im Groß- und Einzelhandel und später in der Ernähungs- und Gesundheitsberatung tätig. Im Coaching erkennt sie, wie wichtig ihr Menschen und besonders ältere Menschen sind und wie gerne sie eine Tätigkeit ausüben möchte, die ihrem Leben Sinn gibt. Darum macht sie sich als Betreuerin und Begleiterin von Senioren selbstständig.

Sibylle, 46, ist Journalistin beim Fernsehen und dort auch ganz zufrieden. Dennoch kommt sie ins Karriere-Navigator-Coaching, denn sie wünscht sich mehr Freiheit und Kreativität in ihrem Leben. Schnell wird ihr klar, dass sie den Job beim Fernsehen behalten will. Dazu beginnt sie aber mit einer Ausbildung zur Tanztherapeutin. Heute ist ihr Berufsleben so bunt, wie sie es sich gewünscht hat, sie hält Seminare und Vorträge zur Tanztherapie und macht weiter interessante Projekte beim Fernsehen.

Joachim, 47, ist im mittleren Management einer Großbank und hat sich dort an den Inhalten und Strukturen des Unternehmens zunehmend aufgerieben. Erste Burn-out-Anzeichen führen ihn ins Coaching. Hier erinnert er sich an seine alte Leidenschaft: das

Fotografieren. Nach einigen Ausbildungen und Schulungen im fotografischen Bereich wechselt er innerhalb der Bank in einen Bereich mit geringerer Verantwortung und reduziert seine Arbeitszeit. Heute ist er nebenberuflich als selbstständiger Fotograf mit wechselnden Ausstellungen tätig.

Eva, 45, ist im kaufmännischen Bereich einer Fernsehproduktion tätig und hat viele Jahre Berufspraxis in der Medienbranche. Schon vor Jahren hat sie sich nebenberuflich zum Business-Coach weitergebildet, doch es fehlt ihr der Mut, das alte Berufsfeld zu verlassen. Durch den Karriere-Navigator erkennt sie, dass keines ihrer drei wichtigsten Lebensmotive in ihrem aktuellen Job erfüllt ist. Durch die Schwerpunkte ihrer Interessen (Persönlichkeitsentwicklung, Psychologie und Kreativität) wird ihr klar, dass sie zukünftig keine »zahlenlastige« Tätigkeit mehr ausüben will. Heute ist sie als freiberufliche Outplacement- und Karriereberaterin tätig und glücklich, jetzt andere Menschen auf ihrem Weg begleiten zu können.

Monika, 55, Informatikerin, ist Führungskraft in einem großen Konzern. Trotz ihres gut bezahlten und angesehenen Jobs ist sie unzufrieden. Durch den Karriere-Navigator erkennt sie, dass sie mehr selbstständig arbeiten und ihren Schwerpunkt in der Organisationsentwicklung setzen will. Inzwischen hat sie die Führungsposition abgegeben, eine Coaching-Ausbildung gemacht und parallel zu ihrem Job im Konzern ein eigenes Unternehmen gegründet. Und auch im Konzern selbst ist sie heute mit Aufgaben rund um Change und Organisationsentwicklung betraut.

Bettina, 48, verheiratet, ein Kind, arbeitet über 20 Jahre als Vorstandsassistentin, Personal-Recruiter, Trainerin und Führungskraft in unterschiedlichen Branchen. Die späte Mutterschaft lässt sie ihre bisherige Karriereplanung neu überdenken. Nach dem Coaching nutzt sie ihre Elternzeit für eine Ausbildung zur Aroma-Expertin und macht anschließend ihre »Herzensthemen« Düfte und Natur zum Beruf. Heute ist sie glücklich und erfolgreich mit ihrem Unternehmen rund um Duftberatung und veranstaltet Workshops und Events für Endkunden und Firmen.

Julia, 47 Jahre, verheiratet, Mutter von drei Kindern, gelernte Bürokauffrau, hat viele Jahre als Verkäuferin, am Empfang eines Seniorenheims und in der Büroorganisation einer Unternehmensberatung gearbeitet. Als sie diesen Job verliert, kommt sie zum Karriere-Navigator-Coaching, um herauszufinden, was sie wirklich will. Schnell wird klar, dass ihre Leidenschaft dem Tanzen gilt. Daraufhin macht sie eine Ausbildung als Tanzlehrerin und arbeitet heute erfolgreich mit dem Schwerpunkt Kinder und Senioren als Tanz-Coach.

Thomas, 33, arbeitet seit seinem 16. Lebensjahr in ein und demselben mittelständischen Familienunternehmen und hat dort als Werks- und Fertigungsarbeiter eine Führungsposition. Im Coaching wird ihm klar, dass ihm seine Tätigkeit an sich durchaus Freude bereitet, dass es aber an der Zeit ist, das Umfeld zu wechseln. Jetzt ist er als Produktionsleiter in einem branchenähnlichen Mittelstandsunternehmen in einer anderen Stadt und ist glücklich über seinen Mut, etwas Neues begonnen zu haben.

Edith, 41, verheiratet, zwei Kinder, Personalentwicklerin, entdeckt im Karriere-Navigator-Coaching, dass sie genau das Leben schon hat, das sie glücklich macht. Das hat sie tief berührt, weil ihr das in dieser Klarheit nicht bewusst war. Statt den Job zu wechseln, hat sie sich mit Mann und Kindern eine Traumreise nach Afrika geschenkt.

Sabine, 54, hat viele Jahre als Einzelhandelskauffrau bei einem Autozulieferbetrieb in der Buchhaltung gearbeitet und zwei Kinder großgezogen. Außerdem ist sie ehrenamtlich als Grüne Dame in Krankenhäusern. Ihr Motto: »Es ist nie zu spät!« Mit dieser Haltung hat sie an einem Karriere-Navigator-Workshop teilgenommen, um noch einmal etwas Neues zu finden und auszuprobieren. Nach mehreren Fortbildungen ist sie nun Übungsleiterin für Seniorengymnastik.

Jürgen, 48, zwei Töchter, Zahnarzt, hat den Wunsch, sein Leben deutlich zu vereinfachen und wieder offen und wach für Neues zu sein. Nach kompletter Entrümplung seines Haushalts und Auflösung seiner Praxis macht er einen Neuanfang als Wanderscout in Spanien.

Christiane, 42, verheiratet, seit mehr als 20 Jahren selbstständige Immobilienmaklerin, ein Beruf, der ihr von Tag zu Tag weniger Freude macht. Durch den Karriere-Navigator wird ihr klar, dass sie ihre eigentliche Leidenschaft, die Arbeit mit und für Menschen, all die Jahre verdrängt hat. Sie verkleinert ihr Unternehmen und macht eine Ausbildung in hawaiianischer Massage, die sie vor 16 Jahren selbst kennengelernt hat. Jetzt ist Christiane in die Heiler-Familie ihres Kumu – ihres Lehrers – aufgenommen worden und hat auf der Insel Kauai ihre Ausbildung abgeschlossen, um in Deutschland die hawaiianische Heiltradition fortzuführen.

Marcel, 45, Vater zweier Kinder, ist seit langer Zeit Marketingdirektor eines großen Bekleidungsunternehmens und auf der Suche nach mehr Sinn in seinem Leben. Heute leitet er eine Schule für natur- und erlebnispädagogische Aktivitäten und gibt selbst Kurse darin.

Zum Abschluss

Herzlichen Glückwunsch! Sie haben es geschafft, dieses Buch vom Anfang bis zum Ende durchzulesen und hoffentlich sogar durchzuarbeiten, und damit einen wichtigen Schritt auf Ihrem Weg zum Ziel getan. Erfolgreich zu sein und Ziele zu verwirklichen ist ein Prozess und – egal, wo Sie sich gerade in diesem Prozess befinden – Sie sind auf jeden Fall mittendrin. Ihr Leben ist zu kostbar, um es mit Jobs und Menschen zu verbringen, die Sie nicht glücklich machen. Um die Anregungen in diesem Buch erfolgreich umzusetzen, müssen Sie bereit sein, die volle Verantwortung für Ihr Leben zu übernehmen. Sie werden zwar eine Menge Unterstützung bekommen, aber Ihren Weg müssen Sie allein gehen, das kann Ihnen keiner abnehmen. Auch wenn der vor Ihnen liegende Weg Sie noch ein wenig beklommen macht, Ihre Angst wird mit jedem Schritt, den Sie tun, weiter zurückweichen und einem großartigen Gefühl von Dankbarkeit, Freude und Erfüllung Platz machen – der Art von Erfüllung, die nur ein Mensch spüren kann, der auf seinem eigenen Weg ist.

Erinnern Sie sich noch? »Es ist ein Teil von Ihnen, dem Sie jetzt das Steuer übergeben. Der Teil von Ihnen, der bereits weiß, wohin Ihre Reise führt. Es gibt kein Zurück mehr – Sie machen sich auf den Weg. *Ihre Zukunft*.«

Übergeben Sie das Steuer Ihrem Navigator und machen Sie sich auf den Weg. Es ist Ihr Leben. Ihr Wunder ist schon unterwegs.

Literaturverzeichnis

Bates, Marilyn; Keirsey, David: Versteh mich bitte. B&T 1990.

Bents, Richard; Blank, Reiner: M.B.T.I. Die 16 Grundmuster unseres Verhaltens nach C.G. Jung. München 2001.

Bolles, Richard Nelson: Durchstarten zum Traumjob. Das ultimative Bewerbungshandbuch für Ein-, Um- und Aufsteiger. Frankfurt/New York 2007.

Fuchs, Helmut; Huber, Andreas: Die 16 Lebensmotive. München 2002.

Gaskell, Carole: Der geniale 10 Minuten täglich Leben verändernde Pocket Lifecoach. München 2002.

Gawain, Shakti: Entwickle Deine Intuition. Praktische Hilfe für das tägliche Leben. Berlin 2004.

Hillman, James: Charakter und Bestimmung. München 2002.

Kingston, Karen: Feng Shui gegen das Gerümpel des Alltags. Reinbeck 2003.

Sher, Barbara: Wishcraft. Vom Wunschtraum zum erfüllten Leben. Tübingen 2000.

Ulsamer, Bertold: Mit sich selbst im Einklang – Denkanstöße für Manager über 35. München 1999.

Danke

Auch bei der dritten Auflage meines Buches sage ich wieder von Herzen »Danke«! Für die vielen ausführlichen Rückmeldungen, die mich zu den ersten beiden Auflagen erreicht haben. So viele Menschen konnten aus diesem Buch den Mut schöpfen, entscheidende Dinge in ihrem Leben zu verändern und zum Guten zu wenden. Danke, dass Sie Ihre Erfahrungen mit mir geteilt haben! Danke an alle, inzwischen Tausende von Kunden, die in Einzel-Coaching oder Workshop das Abenteuer »Karriere-Navigator« mit mir persönlich erlebt haben, und an alle, die bei einem der inzwischen zahlreichen lizenzierten Karriere-Navigator-Coachs ihre Berufung gefunden und mir ihr begeistertes Feedback geschrieben haben. Danke für Ihre wunderbaren Rückmeldungen und Ihr Vertrauen! Danke an meine Kollegen, die mit ihren Fallbeispielen dieses Buch bereichert haben. Danke an alle Mitarbeiter von Campus, die in den letzten zehn Jahren zum Erfolg dieses Buches beigetragen haben. Und immer wieder von Herzen Danke an Britta Kroker, die es mir ermöglicht hat, meinen Traum vom ersten eigenen Buch zu erfüllen.

Register